汽车后市场关键岗位
技能提升系列教材

Auto maintenance enterprise service process

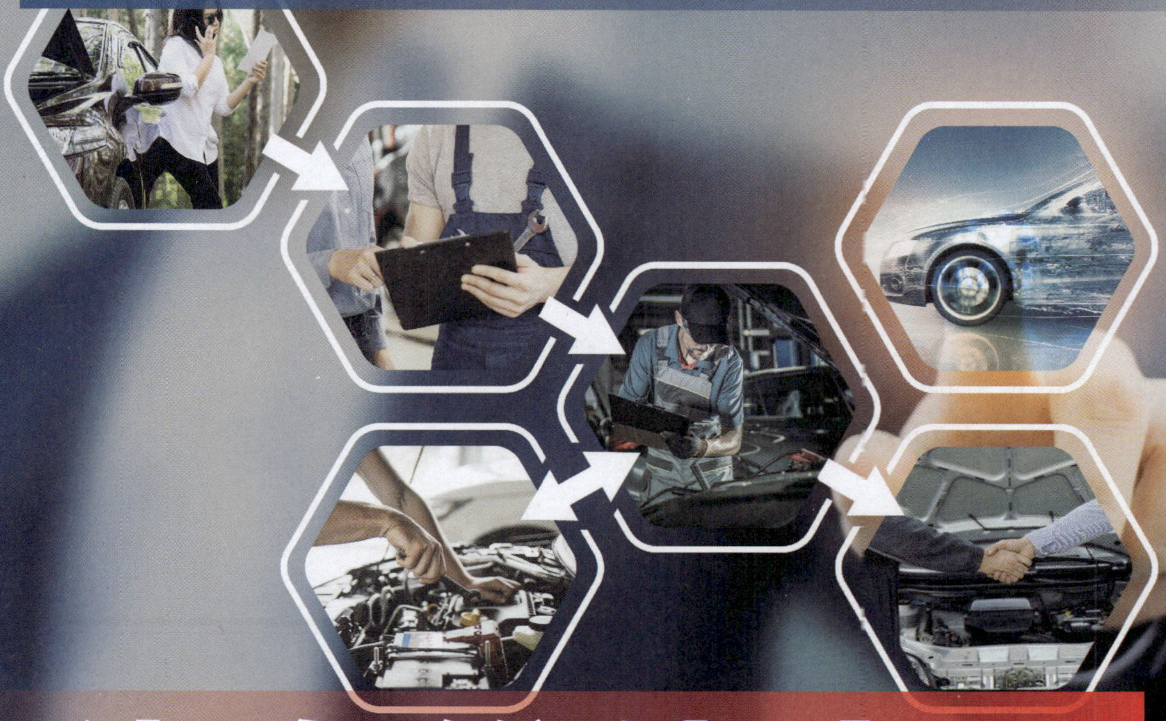

汽车维修企业服务流程

吴荣辉 ◎ 编著

同济大学 出版社
TONGJI UNIVERSITY PRESS
·上海·

内容提要

本书是根据编者多年汽车维修企业管理、入店辅导实践以及培训授课积累的课件及资料编写而成的，整合了常见汽车品牌4S店及综合汽车维修企业常用的服务流程，包括维修接待流程、单据流程、追加项目流程、客户投诉处理流程等，根据维修接待的标准服务流程按步骤展开，并增加配件管理、客户关系管理、事故车保险查勘定损与理赔等服务顾问应具备的知识和技能。

本书条理清晰，通俗易懂，图文并茂，内容贴近汽车维修服务行业实际。书中涉及的流程、图片、表单大部分是汽车维修企业实际的案例和资源，实用性强。本书可以提供书中涉及的流程和表单电子版供读者下载并直接应用。

本书适合综合型汽车维修企业在建立或优化企业各种服务流程时参考，亦可作为服务顾问及其他员工的培训教材使用。

图书在版编目(CIP)数据

汽车维修企业服务流程 / 吴荣辉编著. -- 上海：同济大学出版社，2022.10
 ISBN 978-7-5765-0417-0

Ⅰ.①汽… Ⅱ.①吴… Ⅲ.①汽车-修理厂-商业服务-业务流程 Ⅳ.①F407.471.6

中国版本图书馆CIP数据核字(2022)第192487号

汽车后市场关键岗位技能提升系列教材

汽车维修企业服务流程

吴荣辉　编著

责任编辑	陈佳蔚	责任校对	徐逢乔	封面设计	渲彩轩

出版发行	同济大学出版社　www.tongjipress.com.cn (地址：上海市四平路1239号　邮编：200092　电话：021-65985622)
经　　销	全国各地新华书店
制　　作	南京月叶图文制作有限公司
印　　刷	上海安枫印务有限公司
开　　本	889 mm×1194 mm　1/16
印　　张	10.5
字　　数	336 000
版　　次	2022年10月第1版
印　　次	2022年10月第1次印刷
书　　号	ISBN 978-7-5765-0417-0
定　　价	98.00元

本书若有印装质量问题，请向本社发行部调换　　版权所有　侵权必究

前言

科学、合理的流程是有序生产的保证,是质量和效益的保证。有事就有流程,企业各种活动可以看作是一个个流程构成的。而流程管理就是为了帮助企业控制和优化各项工作,并创造价值,最终的目的是让客户满意。流程管理是企业发展到一定程度的产物,当企业规模较小时,由于战略和商业模式不稳定,此时人比流程更重要,流程管理的需求显得不迫切。一旦企业规模变大,就会出现许多管理困境,通过流程建设,可以将管理平台逐渐从依靠领导或骨干员工个人能力转移到依靠体系,这是区分一家企业管理规范与否的重要指标。

许多汽车售后服务企业在规模迅速扩大的同时,出现了一系列的问题,比如优秀员工流失,管理执行不到位,工作效率不高,工位周转率低,人员利用率低下,保养项目流失,员工抱怨,客户投诉,等等。这些问题都是因为流程不畅引起的。因此,如何建立完善的管理流程,如何针对现有的管理流程进行优化与再造,就成了汽车维修企业的当务之急。

本书根据编者多年汽车维修企业管理、入店辅导实践以及培训授课积累的PPT课件和资料编写,整合了常见汽车品牌4S店及综合汽车维修厂常用的服务流程,如维修接待流程,单据流程,追加项目流程,客户投诉处理流程等,根据核心服务流程按步骤展开,并增加配件管理、客户关系管理、事故车保险查勘定损与理赔等服务顾问应具备的知识和技能。本书适合综合型汽车维修企业在建立或优化企业各种流程时参考,也可作为服务顾问及其他员工的培训教材使用。

适合你的才是标准!由于每家企业的实际情况不同,为了便于实际应用,本书涉及的流程、表格等管理工具,以电子版形式提供,请读者扫描附录的二维码下载电子版资源,根据企业的实际情况应用。

本书编写过程中参考了大量同行的PPT课件资料,同时也借鉴了部分优秀维修企业的图片及资料,在此表示衷心感谢!限于编者的水平,本书如存在不妥或错漏之处,恳请读者不吝赐教,以便再版时修订。

吴荣辉

2022年10月

目录

前言

模块一 汽车维修企业服务流程概述 / 1

单元一 汽车维修企业服务与服务流程 / 2
单元二 汽车维修企业标准服务流程 / 8

模块二 汽车维修服务流程各环节 / 13

单元一 预约准备流程 / 14
单元二 接待问诊流程 / 20
单元三 制单报价流程 / 33
单元四 派工维修流程 / 39
单元五 质量检验流程 / 57
单元六 交车准备流程 / 68
单元七 交车结算流程 / 70
单元八 跟踪回访流程 / 74

模块三 汽车维修企业配件管理流程 / 84

单元一 汽车配件基本知识 / 85
单元二 汽车维修企业配件仓储与管理流程 / 96

模块四　汽车维修企业客户关系管理流程　/ 106

　　单元一　客户服务中心与客户档案管理　/ 107
　　单元二　客户满意度提升与投诉处理流程　/ 116

模块五　汽车保险事故车服务流程　/ 134

　　单元一　汽车保险基本知识　/ 135
　　单元二　汽车保险事故查勘、定损与理赔流程　/ 144

附录　/ 160

　　附录A　维修服务业务主流程
　　附录B　管理业务流程
　　附录C　其他流程
　　附录D　预约准备流程表单
　　附录E　接待问诊流程表单
　　附录F　制单报价流程表单
　　附录G　派工维修流程表单
　　附录H　质量检验流程表单
　　附录I　跟踪回访流程表单
　　附录J　配件管理表单
　　附录K　服务流程考核表单

汽车维修企业服务流程概述

本模块介绍汽车维修企业服务流程，包括以下两个单元：

单元一　汽车维修企业服务与服务流程；

单元二　汽车维修企业标准服务流程。

通过本模块的学习，掌握汽车维修企业服务流程的定义、作用和类型，以及典型的汽车 4S 店、快修连锁服务机构、独立综合维修企业标准服务流程的内容和特点

单元一　汽车维修企业服务与服务流程

一、流程与流程管理

1. 流程与流程管理的定义

所谓流程,是指在服务发生的过程中,产生的一个个接触点,接触点有先后顺序、流动方向、流动路线和步骤,还有层次和内容。接触点的科学、合理的方向、路线、层次、步骤就是流程。

流程管理(Process Management,PM),又称业务流程管理或企业流程管理(Business Process Management,BPM),是 20 世纪 90 年代由企业界最早提出,并应用于企业管理的一种新的管理思想和管理方法。

流程管理的精髓主要有以下两点:

其一,系统性思考。例如,不能因为组织结构不合理只改革组织结构,薪酬制度不合理只改革工资结构,"对症下药"往往导致"周身不畅"。

其二,观念创新,不能穿着新鞋走老路。例如,某国企向海内外公开招聘副总经理,就很让人费解,为什么不招聘总经理?资产流失的担忧可以理解,但这个问题可以通过公司管理来控制。来自法国雷诺公司的巴西人卡洛斯·戈思能为日产汽车带来翻天覆地的变化,就是因为他担任日产总经理时,掌握实权,并且没有过多文化上的顾虑。①

一个好的管理模式从一开始就应使用流程管理的思想和方法。在企业建立管理标准时,从流程切入,再配合相应的管理制度,是很好的选择。

2. 流程的优化与再造

(1) 流程优化与再造的意义

流程优化与再造(也称流程重组)作为一种最具活力的管理变革模式,主要通过对企业原有的管理流程、业务流程进行梳理、重组、发展和更新,从而提高企业的管理与运营效率,使企业重新进入一个最佳的存在与发展状态。

一个设计好的新流程并不是一成不变的,而是需要不断地加以改进。这是因为:第一,不可能有一步到位的完美设计,总是有可能寻求更好、更经济的方法。第二,环境是在不断变化的,市场、技术、竞争条件也都在不断变化。因此,生产运作流程也需要不断地加以改进,以适应新的要求。从这个意义上来说,流程优化与再造是一项经常性的工作。

美国著名管理学家和咨询专家迈克尔·哈默(Michael Hammer)博士与 CSC Index 的首席执行官詹姆斯·詹比(James Champy)于 1993 年发表《公司重组:企业革命的宣言》,并创造性地

---

① 李占舟.戴明 VS 哈默:重质量还是重流程[J].英才,2004(10):92-93.

提出了"企业流程再造"(Business Process Reengineering,BPR)的概念。其基本思想是以企业的作业流程为核心,重新设计企业内部的组织结构、运作方式和行为准则,"对企业流程进行最根本的重新思考和最彻底的重新设计,以达到诸如成本、品质、服务和速度等绩效的戏剧性(dramatic)进步",而不再遵从分工论原则。这一思想一经产生便受到管理学者及企业界的普遍关注,世界各地的企业不约而同地将哈默的管理思想应用到自己的管理运作与组织设计中。

哈默在全球掀起一股流程再造热潮。据称,到1995年,有关公司再造工程的咨询业务总额高达500亿美元。最经典的案例是IBM公司,它通过流程再造,实现了一个通才代替多个专才,减少了90%的作业。世界管理理论界几乎达成一个共识——企业流程再造是最优秀的管理工具之一。企业流程再造适合三种企业:一是面临危机的企业;二是潜伏危机的企业;三是欲抢占下一轮竞争绝对优势的企业。①

哈默提出业务流程概念,并且认为,首先,流程再造的核心不是"再造",而是"流程";其次,彻底反思过去的管理理论框架,完全以业务流程进行再造;再次,强调整体性,现代管理最早起源于亚当·斯密的劳动分工、人员专业化,与"分工"相对,哈默的"合工"思想要求员工和管理者掌握多项技能;最后,哈默强调系统性思维,即把信息技术与管理结合在一起,把整体性思维利用到业务流程,以客户利益为中心,兼顾利益相关者(如员工、股东)。②

需要特别说明的是,运用流程管理不能解决所有的问题,它只能在一定程度上增强企业竞争力。像所有管理思想一样,只有把握精髓,才能活学活用。③

(2)汽车维修企业流程优化与再造的必要性

我国很多的汽车维修企业在规模迅速扩大的同时,出现了一系列的问题,比如,职责不明确,分工不细,优秀员工流失,管理执行不到位等,大大影响了企业效益的提升。如何建立完善的管理流程,如何针对既有的企业服务流程进行优化与再造,成了当务之急。一次成功的流程优化与改造可以达到下面的效果:

① 精简机构,实现组织机构扁平化。

② 尽可能缩短流程,提高流程反应速度,提高效率,降低出错率,降低成本。

③ 清晰的角色职责界定提高员工满意度,增强部门间合作。

④ 提升持续改进流程的能力。

(3)流程优化与再造的关键

实施企业流程优化与再造是一项比较复杂的系统工程。

流程优化与再造的关键,在于运用企业的可用资源,特别是引入和应用新的生产技术、信息技术、研究方法、思维方式乃至观念,在以市场和客户为导向的思想指导下,对形式僵化、效率低下、成本高昂的原有管理与运作体系、流程进行重新评估、取舍和重新组合、优化,使之更灵活、高效,更能适应现有和未来竞争环境,以更低的成本,更好、更快地满足市场和客户日趋多元化、人性化的需求,以确保企业自身的竞争优势。

流程优化与再造的关键包括以下四点:④

---

①②③④ 李占舟.戴明 VS 哈默:重质量还是重流程[J].英才,2004(10):92-93.

① 设立流程优化与再造的管理团队，在人力资源上做足保障。
② 充分认识原有流程，分析其功能障碍，流程各环节的重要程度，流程设计的可行性。
③ 利用头脑风暴法、逆向思维等设计合适的流程改进方案。
④ 形成企业流程优化与再造的系统化解决方案。

3. 流程管理的执行

（1）流程工序的监督

流程管理是为了进一步规范企业工作，需要企业的管理人员讨论通过，才能更好地贯彻执行流程，尽快让流程畅通。企业经营中关键性业务流程、各个工序，经过组织内部的优化后，应通过培训使每一个员工都能够掌握。实施前时需要采取具体的检查督导措施如下：

① 具体的实施日期，理清企业现有主要流程与优化后的具体区别，并公布。
② 设定流程理顺的目标日期，应达到的基本要求。
③ 设定流程的"上一道工序为下一道工序服务"过程的目标、意义，并公布。
④ 流程的关键节点负责人有责任对流程前面的工序进行监督。
⑤ 执行中遇到导致不畅的具体问题时应做好记录。
⑥ 定期对流程的执行情况汇总并公布。

流程管理忌讳三天打鱼两天晒网，坚持是流程管理获得成功的关键所在，没有一如既往的坚持的管理不行，没有一如既往的坚持的执行不行，因此，流程的实施关键在于工序顺次传递的坚持精神和一个负责的团队。

（2）流程责任人的监督

① 将流程打印成册，相关责任人签字，每个部门和班组一份。
② 利用早会等时间不定期进行抽查。
③ 对不执行或执行不力的责任人进行处罚，对认真执行的人员进行奖励。

二、服务与服务流程

1. 服务的定义

服务是指履行职务，为他人做事，并使他人从中受益的一种有偿或无偿的活动，不以实物形式而以提供劳动的形式满足他人的某种特殊需要。

服务可以从以下角度来理解：

（1）服务是具有无形特征并可给人带来某种利益或满足感的一系列活动。
（2）服务是提供给客户的任何帮助。
（3）服务可以通过为客户做事情来完成。但是服务的目的是满足人的感觉而不是仅仅将事情做完。

比如，给客户倒一杯水这样的事谁都会做。但如果配合一些语言，如"请用茶，小心烫"，并采用适当的动作，如把茶杯小心地放在合适的位置，客户的"感受"是不同的。

汽车售后(保养与维修,以下简称"维修")行业属于服务行业,销售的产品是服务,体现的是工时。

提示　★ 人类是感情的动物也是感觉的动物。
　　　　　★ 我们为客户提供的产品是服务。

2. 服务流程的作用

服务不同于生产制造,生产制造有符合标准作业程序的生产线,而服务往往不可复制,所以必须形成标准化的服务流程来进行有效率的服务工作。

汽车维修服务是高度接触客户的工作,客户参与了服务的整个过程,因此对于维修服务流程的设计,必须充分考虑客户的需求与感受。

标准的服务流程对于汽车服务企业来说具有非常重要的作用,体现在以下六个方面:

(1) 企业品牌化的保证。

(2) 规范管理的依据。

(3) 降低成本,提升效率(平均分配工作量,提升单车产值)。

(4) 避免遗漏重要事项(减少返工返修)。

(5) 新员工培训手册的重要内容。对于新员工,即使没有经过培训,只要按流程执行,出错的概率就会小很多。

(6) 提升客户的满意度。规范管理,客户满意度和忠诚度也会提升。

3. 流程化服务与个性化服务的比较

流程化服务:企业已建立提供服务的流程和标准,每一个人都要遵循。

个性化服务:服务人员通过态度、行为和语言技巧来影响客户。个性化服务是个人的表现,每个人可能都不一样。

4. 汽车维修服务各岗位在服务流程中的职责分工

汽车维修企业各岗位在服务流程中的职责分工不同,必须互相协调和配合。

(1) 服务顾问负责客户接待、开单及交接车辆。

(2) 车间主管负责保养、维修任务的指派和进度跟踪。

(3) 维修技师负责按要求完成保养、维修作业。

(4) 技术总监负责保养、维修过程的巡视检验,解决疑难故障。

(5) 质量检验员负责车辆维修、保养完成后的终检。

(6) 配件管理员负责配件、辅助材料的提供。

(7) 其他管理、服务岗位各司其职。

以上部分岗位,如车间主管、技术总监、质量检验员可以根据实际情况兼任。

5. 服务流程的分类

(1) 按管理层次分类

服务流程按管理层次分为一级管理、二级管理和三级管理。

① 一级管理

接车、维修、结算基本上由一个人完成，适用小规模的门店。通常是个体经营，"师傅带徒弟"的形式，俗称"路边店"。汽车快修连锁体系的"社区店"也可以采用这种方式。

优点：几乎不存在"流程接点"问题，非常简单。

缺点：不规范，对人员要求高，仅适用于个体户或小规模门店。

② 二级管理

专职的服务顾问接车，并直接派工到维修班组。适用于中型服务门店。

优点：流程环节简单。

缺点：对服务顾问的要求高，要求同时具备沟通能力和技术诊断能力。

③ 三级管理

增加车间主管岗位。服务顾问接车（客户的沟通），确定维修项目后，车辆移交给车间主管，由车间主管派工。适用于大型服务门店。

优点：分工细致明确，对服务顾问要求低。

缺点：流程环节复杂，遇到复杂技术问题需要服务顾问和车间班组多次沟通。

需要特别说明的是，以上方式并不是一成不变的，需要根据人员配置的实际情况，甚至服务接待室与车间的位置进行确定。实际操作中，也可以根据维修保养项目采用不同的层次，比如，车辆保养等简单的小修采用二级管理，直接由服务顾问派工，而复杂的故障采用三级管理，由车间主管/技术总监进行诊断后派工。

(2) 按管理类别分类

服务流程按管理类别分为主流程、子流程和微流程。

在汽车维修企业的服务流程中，通常涉及各个部门之间协调工作的流程称为主流程；一个部门单独的任务或者工序称为子流程；在主流程或者子流程中又发生的任务或者工序称为微流程。

① 主流程

主流程通常由汽车生产厂家（针对4S店）、连锁机构总部（针对下属门店）、独立综合维修企业管理层在确定经营模式时确定，不可随意修改。

② 子流程

子流程是主流程下一级的细分步骤，可以根据维修企业实际情况进行调整，比如，经营状况改变、岗位人员配置不同时，要调整流程的执行方式。

③ 微流程

微流程是子流程下一级的细分步骤，可以根据服务人员的个人经验技巧及维修项目、服务对象的实际情况确定。例如，有故障诊断能力的服务顾问与其他服务顾问、接待新老客户、车辆进厂高峰时段，这些实际情况下的接待工作需要随机应变。

(3) 按服务流程步骤分类

按主流程的步骤分为七步、八步、十步、十二步、十三步等。

各汽车品牌厂家服务流程的核心步骤是类似的，基本上以丰田汽车公司的"七步法"为蓝本。但不同的品牌为了突出自己的个性,把服务流程的步骤进行分解和组合、命名。可以说,服务流程分为多少步并没有特别的规定(但不会少于七步),取决于经营模式、流程设计人员的个人经验和喜好。

  汽车 4S 店通常会严格遵守汽车品牌厂家制定的服务流程。其他非授权的汽车服务门店则参考 4S 店的服务流程,并在其基础上进行优化,制定适合自身情况的服务流程。然而,即便是 4S 店,每家店的实际情况并不完全相同,如果完全按厂家规定的服务流程操作,可能会出现流程不顺畅甚至无法操作的情况,因此必须对流程进行细化,加上自身服务的优势与技巧,才能更好地为客户提供优质的服务。

单元二　汽车维修企业标准服务流程

汽车 4S 店、快修连锁服务机构、独立综合维修企业都有自己的"标准"服务流程。以下介绍典型汽车品牌 4S 店及独立综合维修企业的服务流程。

一、常见汽车品牌服务流程

1. 丰田汽车服务流程

日本丰田汽车公司是最早制定汽车售后服务流程的厂家，其服务流程也是其他品牌汽车厂家参考的标准。如图 1-2-1 所示，丰田汽车的服务流程分为预约，接待，填写施工单，调度和生产，质量控制，交车，服务跟进（回访）七个步骤。

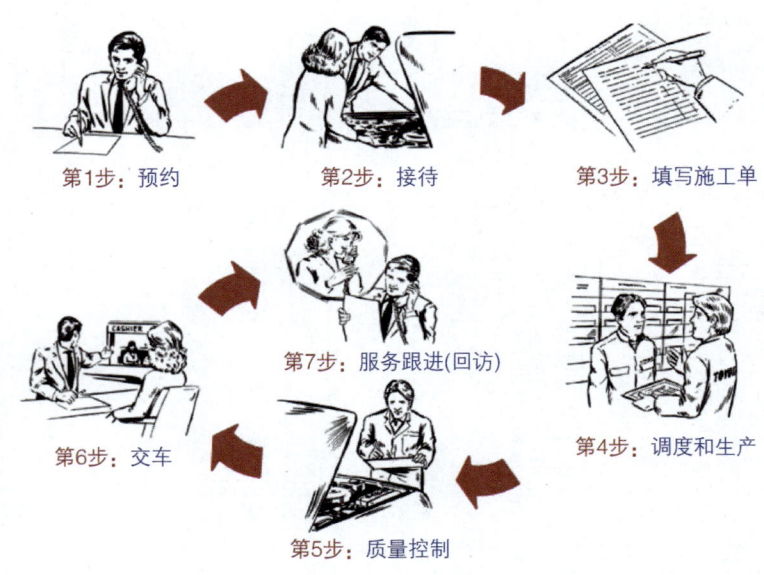

图 1-2-1　丰田汽车服务流程

2. 大众汽车服务流程

由于汽车品牌的知名度高及产销量巨大，大众（包括奥迪）汽车公司的服务流程也是典型的服务流程之一。

大众汽车的服务流程称为售后服务核心流程，分为预约，准备工作，接车/制单，修理/进行工作，质检/内部交车，交车/结账，跟踪七个步骤，如图 1-2-2 所示。

在服务流程中，有时需要区分哪些步骤是在客户在场的情况下完成的，即服务流程可以分成两个部分，一部分是客户亲身参与的"前台"服务流程，另一部分则是与客户分离的"后台"操作过程。大众汽车的服务流程的特点是,经销商(4S店)内部过程和与客户(用户)接触过程用颜色区分开,便于清楚识别。

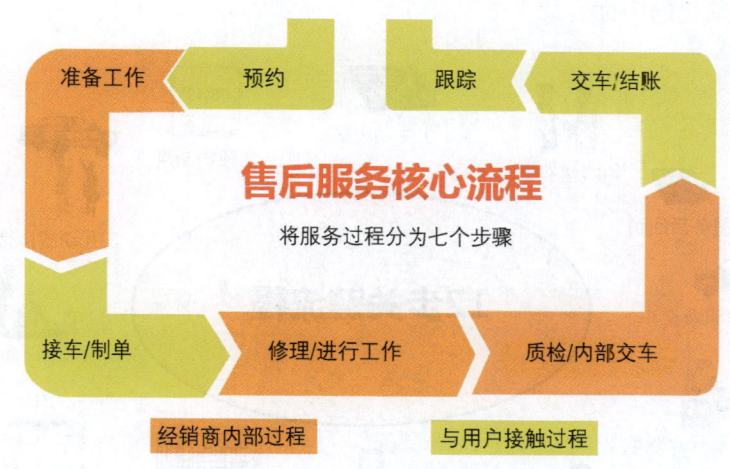

图 1-2-2　大众汽车服务流程

3. 某汽车品牌服务流程(十步)

某汽车品牌的服务流程分为十步,如图 1-2-3 所示。特点是,用框图把主流程各步骤的子流程详细地表现出来,形成一个完整的服务链。

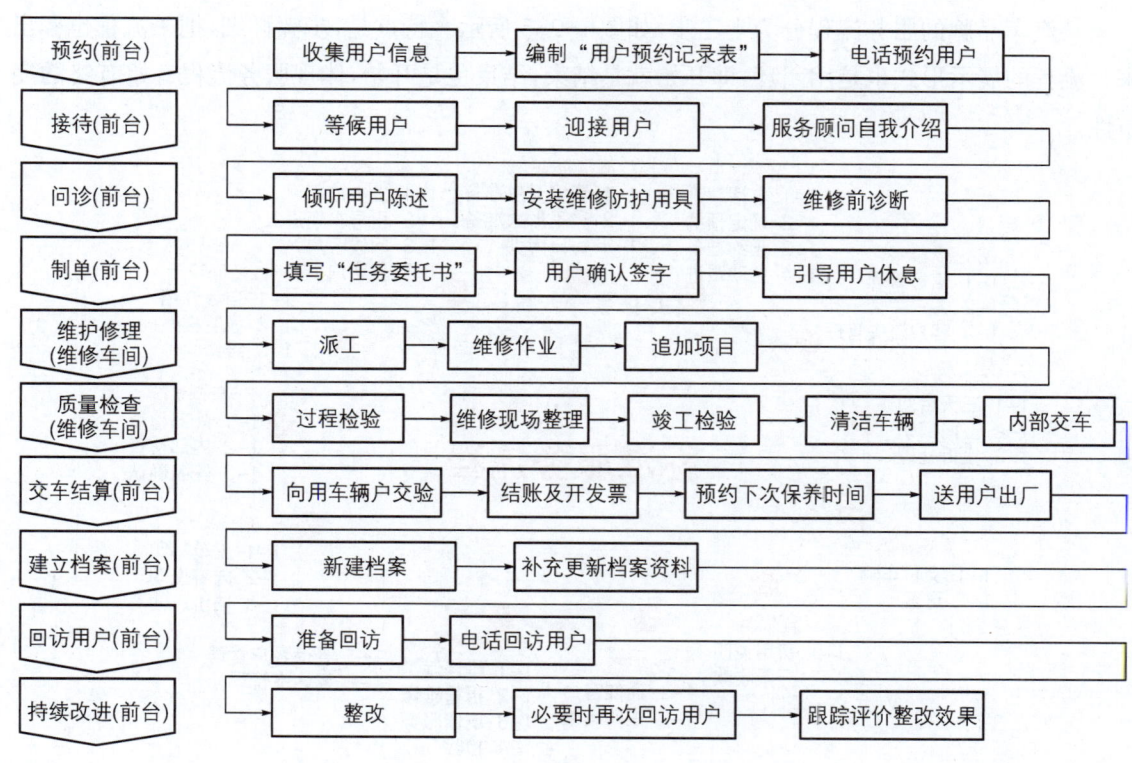

图 1-2-3　某汽车品牌十步服务流程

4. 某汽车品牌服务流程(十二步)

某汽车品牌的服务流程分为十二步,如图 1-2-4 所示。特点是,用闭环把主流程各步骤表现出来,并配上形象化的图标。

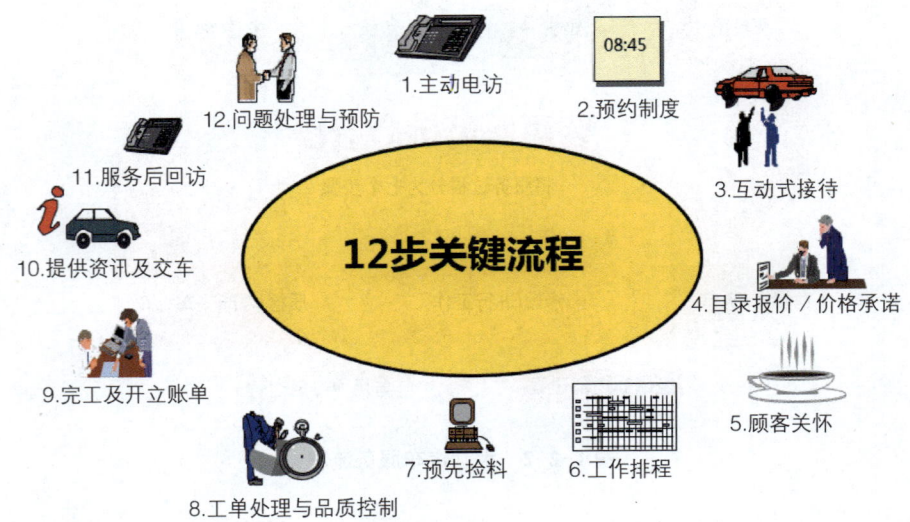

图 1-2-4　某汽车品牌十二步服务流程

5. 某汽车品牌服务流程(十三步)

某汽车品牌的服务流程分为十三步,如图 1-2-5 所示。特点是,步骤详细,把子流程也标出来。流程的展示形式也是用闭环,即开始就是结束,结束也是开始,体现服务流程有始有终的完整性。

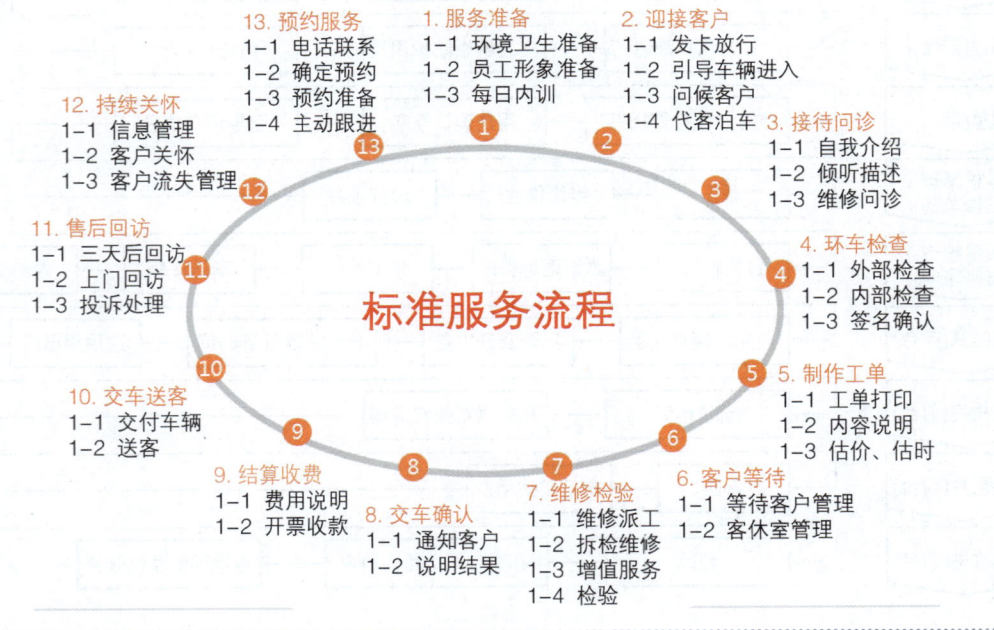

图 1-2-5　某汽车品牌十三步服务流程

二、典型综合汽车维修企业服务流程

1. 标准服务流程

独立综合汽车维修企业的服务流程通常参照上述 4S 品牌制定,但各步骤(环节)的名称略有差异。

根据综合汽车维修企业的特点,典型的标准服务流程一般分为八步,如图 1-2-6 所示。特点是,流程采用闭环方式,各步骤用颜色区分。其中,将"交车准备"作为主流程的步骤,是为了加强综合汽车维修企业的维修质量管控。

2. 车辆维修流程

从企业外部、内部各部门(岗位)分工的角度,综合汽车维修企业服务流程可以细化为车辆维修流程,如图 1-2-7 所示。

图 1-2-6 综合汽车维修企业八步服务流程

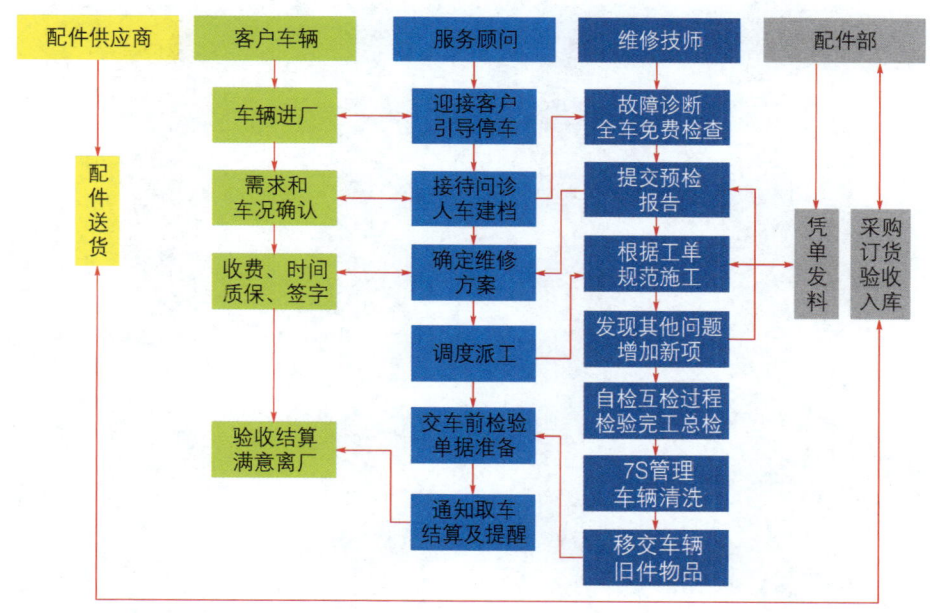

图 1-2-7 车辆维修流程

车辆维修流程包含了对应主流程(标准服务流程)的子流程,体现了维修服务过程中,企业各部门在各个环节中与客户及配件供应商的关系。

以上介绍的标准服务流程和车辆维修流程是综合汽车维修企业最关键的服务流程,各维修企业应该把这两个流程制作成宣传展板,悬挂在接待服务大厅展示给客户,体现企业服务的品牌化、专业化和精细化。

　　本书以上述标准服务流程为主干,详细介绍八个步骤详细的内容、要点、涉及的表单,并对常见问题(案例)进行讨论。

汽车维修服务流程各环节

本模块介绍汽车维修企业服务流程各环节,包括以下八个单元:

单元一　预约准备流程;

单元二　接待问诊流程;

单元三　制单报价流程;

单元四　派工维修流程;

单元五　质量检验流程;

单元六　交车准备流程;

单元七　交车结算流程;

单元八　跟踪回访流程。

通过本模块的学习,掌握汽车维修企业服务流程八个环节的作用、内容、流程及要点,学会各种表单工具的应用方法及技巧

单元一　预约准备流程

一、预约服务的作用

向客户推行预约服务,能让门店(企业,下同)更合理地制订工作计划,减少在服务高峰时段的拥堵,缓解某一时间段的工作压力,有充分的时间为预约客户提供优质的服务,从而提升客户满意度。

1. 对于前台(服务顾问)
(1) 控制客户入店时间,避免集中在高峰期入店。
(2) 留出足够时间接待非预约客户,提供更完善的服务。

2. 对于车间
(1) 有计划地安排车间生产,确保工作效率。
(2) 合理地给每个维修技师安排工作量。
(3) 可以对车辆进行更深入的故障分析及排除。

3. 对于配件部
(1) 提前确认配件库存。
(2) 提高配件供应及时率。

4. 对于整个门店
(1) 预先安排各部门协作,加强计划性。
(2) 实现高效、顺畅的工作流程。

5. 对于客户
(1) 指定专属的服务顾问和维修技师。
(2) 优先保养维修车辆,减少等待时间。

二、预约服务的分类

预约服务分为主动预约和被动预约。

1. 主动预约
主动预约是门店的服务人员(服务顾问或客服专员)主动联系客户。
一般有以下五种情况需要主动预约客户:

（1）保养到期。

（2）上次遗留的问题或维修建议。

（3）预定的配件到货。

（4）门店服务推广活动。

（5）其他需要告知客户的事宜。

2. 被动预约

被动预约是客户主动联系门店服务人员。

一般有以下七种情况客户会联系门店：

（1）保养到期。

（2）长途出行。

（3）车辆故障咨询。

（4）索赔、抱怨或投诉。

（5）车辆保险到期。

（6）事故或故障救援需求。

（7）客户的其他要求。

> 提示
> ★ 主动预约服务可以帮助门店提高工作效率。
> ★ 服务顾问需要提升主动服务客户的意识和技能。

三、预约准备的流程

预约服务应提前做好预约准备。预约准备流程如图 2-1-1 所示。

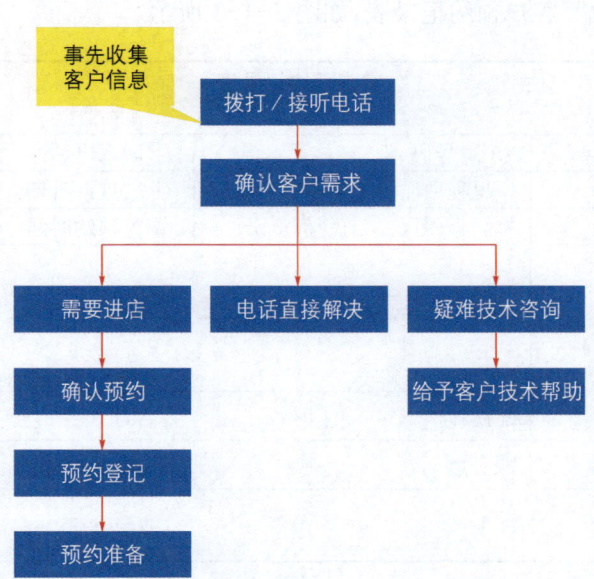

图 2-1-1　预约准备流程

四、预约准备的表单

预约准备涉及以下表单。

1. 保养到期客户清单

保养到期客户清单可以由管理软件系统导出,或根据图 2-1-2 整理。

保养到期客户清单 20 年 月									
序号	客户姓名	车型	车牌号码	联系电话	上次保养时间/里程	本次约定时间	预约内容	服务顾问	备注
1									
2									
3									
4									
5									
6									
7									
8									
9									
10									
11									
12									
13									

图 2-1-2 保养到期客户清单

2. 客户预约记录表

预约时必须详细填写客户预约记录表,如图 2-1-3 所示。

客户预约记录表						
预约服务顾问/客服专员:					年 月 日	
客户姓名		车牌号码		联系电话		
车型		里程数		上次进厂日期		
本次预约服务时间		月 日 时 分	调整预约时间		月 日 时 分	
维修/保养内容						
预计更换配件/数量						
费用预估(元)		配件:	工时:		合计:	
是否指定人员		服务顾问:	维修技师:			
备注						

图 2-1-3 客户预约记录表

3. 预约管理看板

完成预约后,应把预约的内容填写在预约管理看板上。图 2-1-4 是预约管理看板的格式,图 2-1-5 是预约管理看板样例。

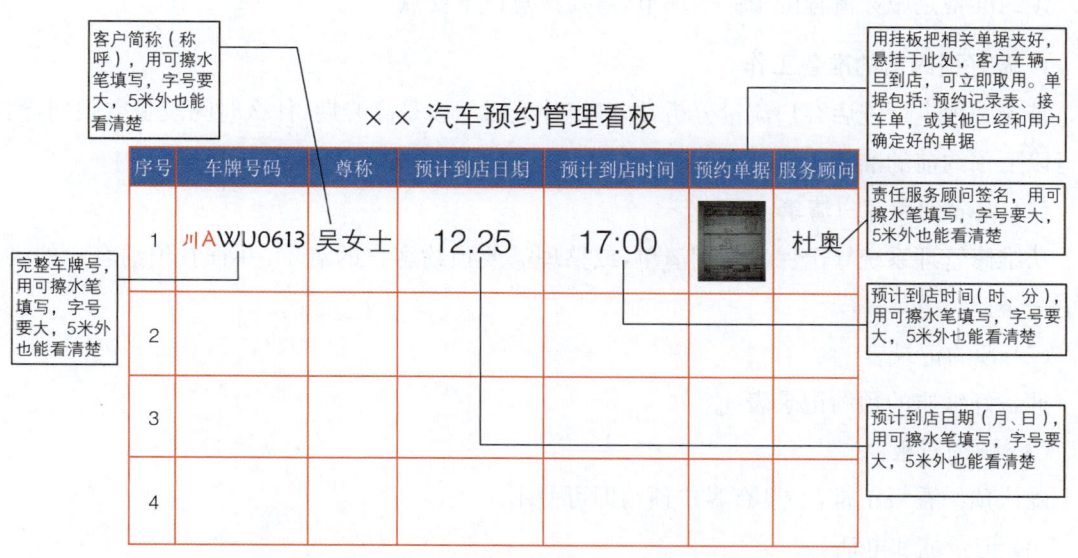

图 2-1-4　预约管理看板的格式

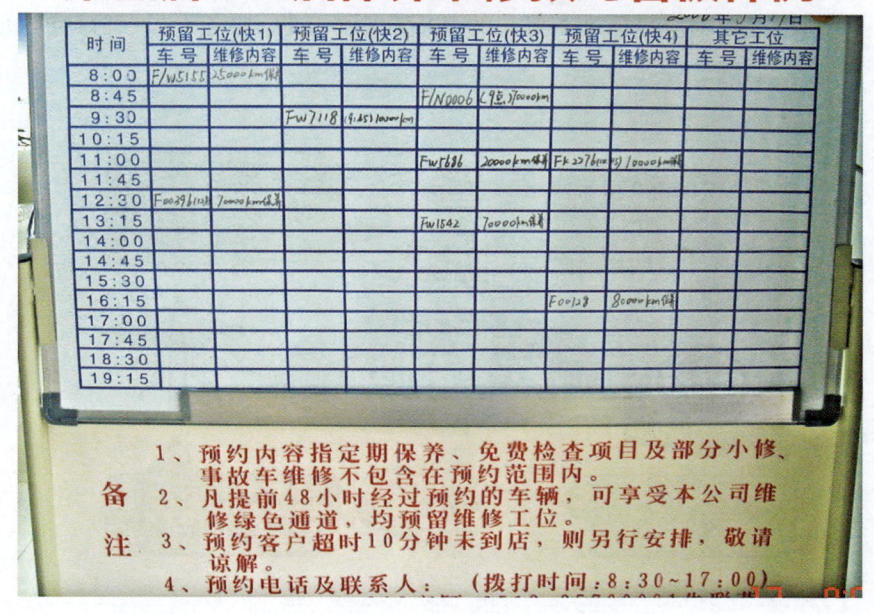

图 2-1-5　预约管理看板样例

五、预约准备的要点

预约准备是服务流程的第一个环节,需要注意以下要点。

1. 做好预约前的准备工作

首先必须进行进店客户流量分析,即确定什么时间段是高峰期,什么时间段是空闲期,然后进行以下预约前的准备工作。

（1）保养到期客户清单

从维修管理系统导出保养到期清单,或整理需要预约客户的清单,并查看预约客户的维修历史记录。

（2）预约记录表

准备好纸质的预约记录表。

（3）预约看板

确认预约看板正常,一旦有客户预约即可使用。

（4）记录笔和电话

准备好记录笔和电话。

提示 ★ 打电话之前,请调节好心情,保持微笑。客户真的感受得到你是否在微笑。

2. 客户进店前的准备工作

客户进店前,服务顾问应提前准备好预约看板及服务单据、服务人员（维修技师）、配件以及工位、设备、工具等,如图 2-1-6 所示。

图 2-1-6　客户进店前的准备

3. 预约准备其他注意事项

预约准备还需注意以下事项：

（1）在销售车辆时提醒客户进行维修保养预约。

（2）充分利用客户档案，进行保养周期管理及到期提醒服务。

（3）建立定期主动预约机制，监督执行情况。

（4）利用名片、宣传牌、网站、微信群、微信公众号等渠道宣传预约的好处，并趁维修等待的机会向客户说明预约的好处。

（5）切实为预约客户提供优质服务，经常向未预约客户宣传预约的好处。

（6）确认客户是否第一次进店，可以对第一次进店客户视同预约。

（7）规范电话预约步骤，使用沟通技巧。

（8）认真填写"客户预约记录表"，并请客户确认。

（9）优先派工和使用专用通道，预留工位和人员。

（10）预约时间准确，避开高峰期，尽量将预约放在空闲时间。

（11）预约时间错开（如15分钟间隔），防止重叠。

（12）优先安排与安全或投诉返修相关的预约。

（13）提前准备配件，预订配件要交定金（不少于配件原价的1/3）。

（14）提前准备好设备工具及技术方案（疑难车辆）。

（15）预约时间临近时，应提前提醒客户预约的时间和内容，以免客户遗忘。客户不能履约时应及时调整预约时间。

（16）因门店原因不能执行预约，应提前说明并致歉，重新预约。

六、预约准备思考、讨论及模拟演练

根据以下情境，结合场地、人员及其他条件，进行思考、讨论及模拟演练。

情境一： 客户吴先生预订的奔驰S350后减振器下周一将到货，请您与吴先生进行电话预约到店更换。

情境二： 客户李小姐的奥迪A4L已经到了保养日期（2年4万公里），请您与她预约保养时间。

单元二 接待问诊流程

一、接待问诊的作用

服务顾问通过迎接准备、接待客户、环车检查、车辆问诊等一系列与客户的互动工作,一方面可以充分了解及确认客户的需求,另一方面还可以找出客户未留意的车辆故障隐患,有利于与客户建立互相信任的关系,并提升客户对门店的信任感。

接待问诊的作用是让客户、服务顾问和车辆在一起,共同确认车辆的状况,决定保养和维修的项目。

图 2-2-1 是服务顾问接待客户的场景。

图 2-2-1 服务顾问接待客户的场景

二、接待问诊的要求

以下介绍接待问诊环节对厂区标识、设施和接待人员的要求。

1. 接待问诊的标识

厂区应具备清晰可见的标识,包括:

(1)营业时间。

(2)24 小时服务电话。

(3)服务大厅(业务接待处)、维修车间和配件部出入口标识以及方向指引。

(4)停车场及限速等安全标识。

(5)室内的方向标识,如客户休息室、洗手间等。

(6)服务项目内容及价格表。

(7)营业执照、维修资质及经营许可或授权证书、荣誉。

(8)其他方便客户及外来人员识别的标识。

图 2-2-2 是汽车维修企业接待问诊标识示例。

2. 接待问诊的设施

厂区应具备完善的设施,包括:

图 2-2-2　接待问诊标识示例

(1) 充足的停车场(待修区、竣工区、来访车辆/员工停车区)。
(2) 干净舒适的客户休息室。
(3) 接车/预检工位。
(4) 快修服务专用区/车位。
(5) 接待台及需要的单据、车辆防护用品、保养提示帖等。
(6) 促销宣传品和纪念品。
(7) 其他接待问诊所需的设施及用品。

图 2-2-3 是汽车维修企业接待问诊设施示例。

图 2-2-3　汽车维修企业接待问诊设施示例

3. 接待问诊的人员

接待问诊人员（服务顾问）的要求如下：

(1) 良好的职业形象。

(2) 容易辨认的制服和工牌。

(3) 良好的沟通技巧。

(4) 专业的知识和技能。

(5) 其他商务、服务人员应具备的职业素养。

三、接待问诊的流程

接待问诊流程如图 2-2-4 所示。

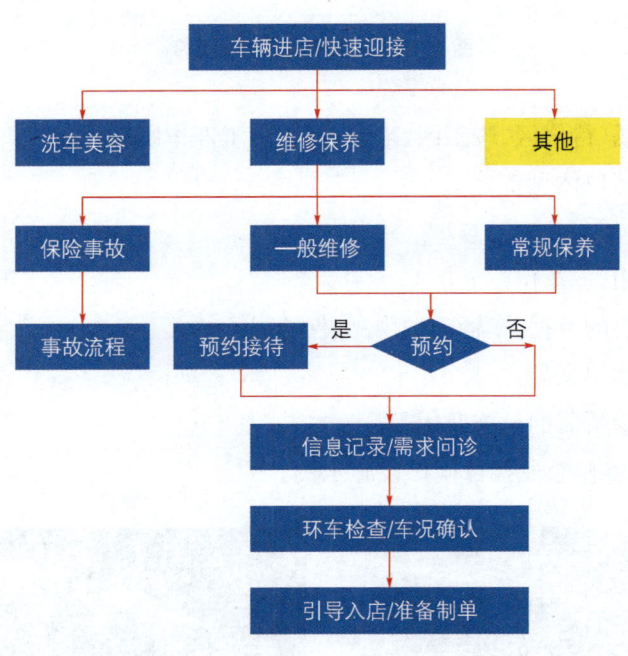

图 2-2-4　接待问诊流程

四、接待问诊的表单

接待问诊涉及以下表单。

1. 维修预检单（接车单）

"维修预检单"也称"接车单"，是车辆进厂后服务顾问需要填写的第一张也是最重要的表单，记载着客户的需求和车辆的状况，如图 2-2-5 所示。

××汽车服务有限公司维修预检单

进厂时间：＿＿＿年＿＿月＿＿日＿＿时＿＿分　　　预计交车时间：＿＿月＿＿日＿＿时＿＿分

客户姓名		车牌号码		车型		颜色	
联系电话		行驶里程		VIN码			

客户需求、车辆故障描述及初步诊断结果

保养/更换项目		重要提示		环车检查	
机油		旧件	☐带走 ☐不带走	如有损坏、缺失，以○或×标出或备注，并提醒客户	
机油滤芯				发动机舱	
空气滤芯		洗车	☐清洗 ☐不洗		☐油液： ☐管道： ☐线路：
汽油滤芯					
空调滤芯		油量	（用→标记）		
火花塞			FULL … EMPTY	后备箱	☐备胎 ☐随车工具： ☐贵重物品：
变速箱油					
转向油					
刹车油				车内	
防冻液					☐外观 ☐电器功能：
清洗液					
传动皮带					
深度养护	☐进气系统　☐燃油系统　☐冷却系统　☐润滑系统　☐制动系统　☐三元催化　☐空调蒸发箱 ☐自动变速箱　☐其他：				
其他检测	☐灯光检测　☐四轮定位检测　☐轮胎检测　☐制动检测　☐转向机构检测　☐悬挂系统检测 ☐电控系统检测：				

维修项目

☐＿＿＿＿＿KM常规保养　☐一般维修　☐事故车　☐洗车　☐美容装饰　☐年审　☐其他：

施工项目	配件价格	工时费	小计	施工项目	配件价格	工时费	小计
1.				6.			
2.				7.			
3.				8.			
4.				9.			
5.				10.			

合计费用(元)：

备　注：

重要声明：本厂承修车辆，在移动操作、试车、加油过程中发生意外碰、擦，本厂只承担修复费用，不承担另外赔偿。
此单据中预计费用是预估费用，实际费用以结算单中最终费用为准。

客户授权：本人同意贵单位所列项目进行保养、诊断及维修，愿意提车前支付相关配件、工时、耗材、税务等费用，车内无现金或贵重物品，其他车内物品已妥善处理，如有丢失贵重物品贵单位无需负责。

客户签字：

服务顾问：　　　　施工班组：　　　　质检员：　　　　服务经理：

公司地址：××××××××××　　预约电话：×××××××××　　24小时救援服务电话：××××××××××

图2-2-5　维修预检单

2. 全车安全检查单

为保证客户车辆性能良好，及时发现和排除客户未报修的故障隐患，也为了提升企业的经营业绩，在征得客户同意的前提下，维修门店应对车辆做全面的检查，特别是涉及行车安全的部件，检查的结果记录在"全车安全检查单"，如图2-2-6所示。

需要特别说明的是，全车安全检查一般是免费的，即企业为客户提供的增值服务。

××汽车服务有限公司全车免费安全检查单

车牌号码：		车型：	行驶里程：	上次保养日期/里程	日期：	年	月	日
提示：机油更换标准根据矿物/合成/全合成油确定；保养时间/里程先到为准。					√已经处理；○需要关注；×立即维修			
序号	位置	检查项目（多项的异常打×）		检查标准	方法/工具	数据/备注	√	○	×
1	车身外部和内部（举升机低位）	车身外观	全车漆面；外部附件	损伤、缺失	目测				
2			前机盖锁；后备箱锁；车门把手；铰链	开闭正常；位置合适	操作目测	清洁			
3		电器设备	外部照明；信号灯	点亮/亮度；大灯高低；转向灯频率	操作目测				
4			喇叭；点烟器；阅读灯；门灯	功能正常	操作耳听目测				
5			雨刮器；洗涤系统	磨损；变形；异响；喷嘴	操作目测				
6			空调滤芯；蒸发箱；冷气/暖风	滤芯/蒸发箱1年2万公里或换季更换（异味）；制冷/热效果；风量；风向	内窥镜目测/操作				
7			中控/遥控门锁	开闭正常	操作				
8			影音系统；停车辅助；摄像头	功能正常	操作目测				
9			电动座椅；安全带	功能正常	操作目测				
10			车窗；天窗	功能正常；清洁润滑导轨；密封；排水	操作目测				
11			组合仪表照明；警告灯及信息	功能正常；异常警告灯及信息	操作目测				
12		操纵机构	排挡杆；驻车；方向盘；加速、制动踏板	功能正常；松旷；位置；自由行程	操作目测				
13		内饰外观	仪表板；座椅；顶棚；地板；其他	损坏；脏污	目测				
14	发动机舱（举升机低位）	机舱管道	空气滤清器	1年2万公里；脏污；缺失；损坏	目测	清洁			
15			节气门/进气系统	1年2万公里清洁（入冬）	目测				
16			油液/进气/真空管道	泄漏；管路软/硬化；脏污；变形	目测	外部清洁			
17			冷凝器；散热器；冷却风扇	泄漏；脏污；变形	目测	外部清洁			
18		油液	发动机机油；滤芯	3月5千公里；液位；污染；漏油	目测				
19			变速器油	2年4万公里；液位；焦味；脏污；漏油	目测				
20			动力转向液	2年4万公里；液位；焦味；脏污；漏油	目测				
21			冷却液	2年4万公里；液位；脏污；泄漏；冰点	目测	添加			
22			制动液	2年4万公里；含水率<2%；液位；漏油	目测	添加			
23			风窗清洗液	液位；脏污	目测	添加			

(续表)

序号	位置	检查项目(多项的异常打×)	检查标准	方法/工具	数据/备注	√	○	×
24	发动机舱(举升机低位)	驱动皮带	空调压缩机/发电机皮带;张紧器	3万~5万公里;裂纹;损坏;松动	目测				
25			正时皮带/链条及组件	7万~10万公里;裂纹;损坏;松动	目测				
26		电控元件	燃油滤芯/燃油系统	滤芯外置1年2万公里,内置翻倍;6个月加添加剂,更换同时清洁燃油系统	目测				
27			火花塞/点火线圈	火花塞普通3万公里,白金6万公里	目测				
28			传感器/执行器/模块/线束	裂纹;损坏;安装不当;松动;断路	目测				
29		蓄电池	桩头;液位;状态	2年4万公里;支架紧固;电眼绿色正常黄色充电黑色更换;电压>12.8V	目测/电表/检测仪	清洁紧固			
30	车轮制动(举升机中位)	车轮轮胎	胎面;扎钉;异物;ABS/胎压传感器	异常磨损;扎钉及异物;损坏	目测	LF: RF: LR: RR:			
31			气压	符合车型标牌标准	胎压表				
32			胎纹	3~5年更换;胎纹深>1.6 mm	目测/深度尺				
33			轮毂;轴承;扭矩	变形;松旷;异响;120~140 Nm扭矩	目测;晃动;扭力				
34		制动器	制动盘/鼓	裂纹;起槽;烧蚀;磨损	目测	LF: RF: LR: RR:			
35			制动片外观/厚度	偏磨;裂纹;脱层;厚度>3 mm	目测/卡尺				
36			分泵及油管	泄漏;损坏	目测				
37	底盘机构(举升机高位)	底盘油路	底盘各油管/结合面/螺塞	漏油;裂纹;变形;损坏	目测				
38		底盘机构	转向机构/球头	漏油;变形;损坏;松旷;螺栓紧固	目测/撬棒/扭力				
39			减震器/支撑	漏油;变形;损坏;螺栓紧固	目测/扭力				
40			驱动轴;万向节;防尘套	漏油;变形;损坏;螺栓紧固	目测/扭力				
41			排气管;消声器;三元催化	漏气;变形;损坏;固定;异响	目测/扭力				
42	动态监测(根据需要确定)	发动机及电脑检测	发动机启动、怠速、加/减速	启动容易;怠速平稳;加速/减速顺畅	操作目测				
43			故障码及数据流检测	无故障码;数据正常	检测仪器				
44		路试	加速;减速;换挡	跑偏;无力;抖动;熄火;异响;换挡顺畅;时机	操作目测耳听				
45			制动	制动跑偏;制动力不足;拖滞;震动;异响	操作目测耳听				
维修建议说明									

提示:本检查单仅供检查时车辆状况判断参考,不排除后续因零部件老化、磨损等原因导致突发性故障发生。

维修技师签名:　　　　　　服务顾问/经理签名:　　　　　　客户意见及签名:

图 2-2-6　全车安全检查单

3. 维修诊断报告

对于疑难故障车辆,服务顾问无法准确判断故障原因,应发放"维修诊断报告"(图 2-2-7),由车间技术总监或经验丰富的维修技师进行故障诊断,并填写"维修诊断报告",作为维修工时、配件费用及故障排除的依据。

××汽车服务有限公司维修诊断报告

车牌号码		车　　型		行驶里程	KM	VIN 码	
客户故障症状描述							
故障发生时车辆状况问诊（在□内打 √ 或备注）	发动机转速	□急速	□中速	□高速	其他:		
	运行条件	□冷车	□热车	□冷热车	其他:		
	故障时车速	□低速	□中速	□高速	其他:		
	路况	□高速公路	□普通道路	□颠簸道路	其他:		
	气候	□晴天	□雨天	□冰雪	其他:		
	发生频率	□经常	□偶尔	有时:_____次/天,或:			
	驾驶条件	□急加速	□紧急制动	□转弯	其他:		
	其他状况						
维修历史							
诊断过程（必要时附检测数据）							
结论及建议							
诊断技师		服务顾问		客户		诊断日期	

尊敬的客户您好:
　　1. 非常感谢您选择和信任我们的汽车品牌!为了保证您爱车的行车安全和正常使用,我们由专业的诊断技师利用先进的检测设备为您车辆做诊断,并出具诊断报告。
　　2. 如果您选择在本厂维修车辆,我们将减免诊断费用。
　　3. 本诊断报告仅作为维修依据,不能作为其他证明使用;诊断结果反映诊断时车辆的技术状况,不排除发生变化的可能性。
　　4. 本诊断报告解释权归本厂所有。

地址:×××××××　　预约电话:××××××　　24小时救援服务电话:××××××

图 2-2-7　维修诊断报告

五、接待问诊的要点

1. 迎接客户

（1）迎接准备

服务顾问在接待前要调整自己的仪容仪表与情绪，以专业、热情的态度接待客户。服务顾问应事先准备好所需要的工具，如名片、笔、三/五件套、预检单（接车单）、全车安全检查单（需要安全检查的车辆）、维修检测诊断报告（疑难车辆），以及座椅位置帖等接待问诊所需的物品。

如果服务顾问准备迎接的是已多次来店的预约客户，接待前应提前在维修管理电脑系统中查看维修历史记录以及有无特别注意事项，如上次进店给客户备注的维修建议。这些工作不仅有助于提升服务顾问的专业度，更有助于取得客户的信任。

（2）迎接客户要点

服务顾问在维修接待区或预检区欢迎客户，主动帮助客户打开车门，并使用礼貌用语。例如，"您好，我是服务顾问×××，请问有什么可以帮您？""请问先生/女士您怎么称呼？"同时双手递上自己的名片。对于熟悉的老客户，应能主动认出他/她，并热情地问候。

客户车辆未停放在规定的接待车位时，应礼貌引导客户把车停放到位。

服务顾问迎接时应及时、主动、热情地向客户问候与微笑。待客户下车时，提示客户随身携带自己的贵重物品。

服务顾问应简短问明客户来意，并细心、专注地聆听客户的要求。如果属一般咨询，应当场答复。当客户车辆不需要保养维修时，应礼貌地送客户出门并致意。

2. 记录客户与车辆的信息

服务顾问需要向客户询问客户本人及车辆相关信息，要求客户提供相关资料。当客户到店进行一般保养或自费维修时，需提供行驶证、保养手册、车辆钥匙；当客户到店进行事故维修时，还需要提供驾驶证、行驶证、保险单据、事故证明。客户和车辆相关信息应迅速记录在车辆接车预检单中。如果是电话预约客户，还需要详细确认该客户信息与系统是否一致，如有不一致的，将不一致的部分更新登记在接车单中，并在制单时进行电脑档案的更新。

对于新客户，服务顾问应主动向其简单介绍本公司的基本情况和维修服务的主要内容。

3. 车辆问诊

（1）如果需要对车辆进行技术诊断后才能报价或维修，应由技术人员对客户的车辆进行检测诊断后，再与客户商洽。如果故障诊断不需要客户配合，应邀请客户先到客户休息区休息。客户等候时，应主动到茶水，并示意"请稍等"。

（2）采用"七何问诊法"（图2-2-8）询问故障情况。

（3）了解故障情况后，应核实故障现象。

核实故障现象非常重要，因为客户并非专业人士，他/她的描述大多数是凭自己感觉，无法确定是哪个系统出了故障，所以只凭客户描述就制定工单，可能将维修工作引入误区，无法解决客户真正想解决的问题。

服务顾问应在维修技师的帮助下,根据职业经验和专业知识进行初步的分析并向客户做出说明,此时严禁立即向客户下结论。

(4)故障诊断完成后,应立即把"维修检测报告单"呈交客户,并把维修建议告诉客户。如果客户不在本店维修,可视情况收取一定的故障诊断费用(收费务必事先向客户声明,并强调在本店维修可以减免诊断费用)。

(5)询问客户是否有其他要求。

(6)征得客户同意后进行工单制作。

"七何问诊法"又称"5W2H问诊法",具体组成如下:

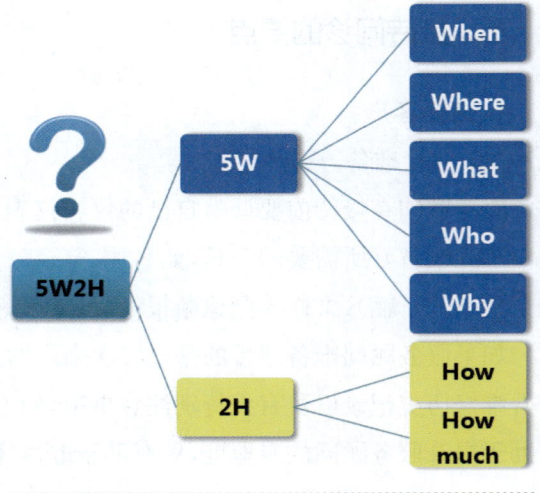

图 2-2-8　七何问诊法

① When 是指间歇性故障发生的时间,包括季节和时间。

② Where 是指间歇性故障发生的地点,如国道、高速公路、市内道路、乡村的不平道路等。

③ Who 是指间歇性故障发生时的驾驶人员,即是谁在驾驶车辆(驾龄及驾驶经验的判断)。

④ What 是指间歇性故障发生时的详细情况,主要内容包括:哪个系统发生了什么故障,当时发动机、变速器等系统及其他功能等的状态。

⑤ Why 是指间歇性故障发生原因询问,如故障发生前车辆有没有发生过其他故障或做过维修保养、改装或事故等。

⑥ How 是指故障是怎么发生的,客户是否有简单的感觉判断,发生时有没有其他伴随现象,如下雨、特殊路面、特殊地区等。

⑦ How much 是指间歇性故障发生的频率,即到目前为止共发生了多少次,或是每天发生多少次。

4. 车辆交接

(1)客户确认车辆检测诊断结论后,服务顾问应尽快与客户办理车辆交接手续,即验收客户的车辆钥匙、随车物品及相关证件(特别是年审和事故的车辆),并审验其证件的完整性、有效性和完好性(如有差异应及时向客户说明,并做出相应处理,请客户签字确认)。

(2)对于送修车辆的车钥匙要登记、编号,放在统一规定的车钥匙柜内,并执行钥匙交接手续。

(3)送修车辆的技术档案和车主档案不符的,特别是在要求匹配钥匙、改色、更换大总成等特殊情况时,需要客户提交公安机关的证明。

(4)如果车内有大量物品,应对物品进行清点登记,并请客户在"随车物品清单"上签字,同时把物品存入专门提供的储物箱内。贵重物品必须请客户自行保管。

(5)客户车辆送修时,车辆应具备行驶功能,装备齐全。如为事故车辆、因特殊原因不能行驶的车辆、短缺零部件的车辆时,客户应签字确认。

(6)服务顾问应对所接车辆的外观、内饰、电器、仪表、座椅等部位做全面视检,以确认有无异常。如有异常情况,应记录在接车单上,并请客户确认。

(7)尽量与客户一同检查车辆。服务顾问应邀请客户一起做环车检查。如果遇到大雨大雪等恶劣天气或其他不可抗因素导致无法邀请客户一起检查车辆状况时,服务顾问应事先征得客户同意单独做检查。

(8)环车检查结束后,服务顾问需当面与客户将车辆登记信息与环车检查结果进行确认总结,并根据自己的专业知识向客户提出合理的保养或维修项目建议,服务顾问同时向客户复述接车单上所登记的车辆与客户信息、车辆油表、公里数、本次到店需求、车辆内饰外观情况等。最后应询问客户,车辆还有无其他问题,以免客户遗漏。

(9)与客户复述确认接车单上的内容后,服务顾问需引领客户进入服务中心的业务洽谈区,以便将流程进入下一个工作任务,即制单环节。

> **提示**
> ☆ 特别注意:请保管好客户的相关证件与车辆钥匙!
> ☆ 环车检查时,适当赞美客户或其车辆,可以拉近服务顾问与客户的距离!

5. 环车检查的步骤

(1)车辆防护

在进行环车检查前,服务顾问应当着客户的面为车辆安放防护用品,即三/五件套(图2-2-9),目的是为了防止在保养或维修过程中弄脏车辆。

(2)车内检查

车内检查从左侧主驾驶座位开始,采集车辆准确的行驶里程和油量等信息。检查项目包括仪表指示灯、空调,以及各种开关、电器的功能,另外还需检查内饰、真皮座椅是否有划痕,储物空间中有无贵重物品等。服务顾问在进行车内检查时,需要一边与客户交流一边检查,这样可以得到客户准确的回应,如"××先生/女士,我们正在检查的是车辆的雨刮器,雨刮器的工作都是正常的,待会为您检查一下雨刮水是否需要补充"等。

图2-2-10是车内检查的场景。

(3)外观检查

在与客户检查确认了车辆内部以后,应邀请客户下车陪同服务顾问一起检查车辆外观。

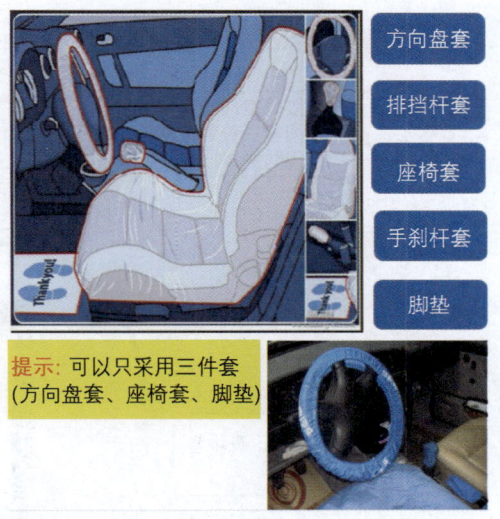

提示:可以只采用三件套
(方向盘套、座椅套、脚垫)

图2-2-9 车辆防护五件套

图2-2-10 车内检查

为了更加有效且不遗漏车辆任何一个部位，外观检查绕车整体顺序建议按照顺时针进行，并且按照从上到下、从左到右的标准快速进行。具体的检查顺序为（图2-2-11）：左前门—左前翼子板—前保险杠—发动机机舱—右前翼子板—右前门—右后门—右后翼子板—后保险杠—后备箱—左后翼子板—左后门—车顶。重点检查这些部位的凹坑、划痕、擦痕、锈蚀、变形和移位，以及倒车镜、风窗玻璃、大灯、转向灯可

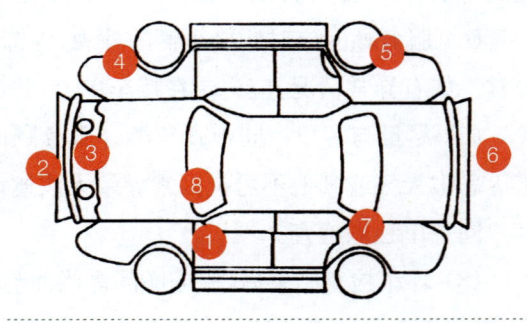

图2-2-11 外观检查顺序

能存在的缺失、裂纹、砂点、污损，兼顾检查轮胎饰盖、车外天线、车门密封条的缺失或变形等。当服务顾问通过外观检查出车辆问题时，可根据部位建议客户进行必要的维修或保养，从而提升门店业绩。

各汽车品牌4S店、维修企业规定的环车检查步骤和顺序不一定相同，实际需求（例如是否举升车辆）也有差异，但都以全面检查为原则。图2-2-12是某汽车维修企业环车检查的步骤和顺序。

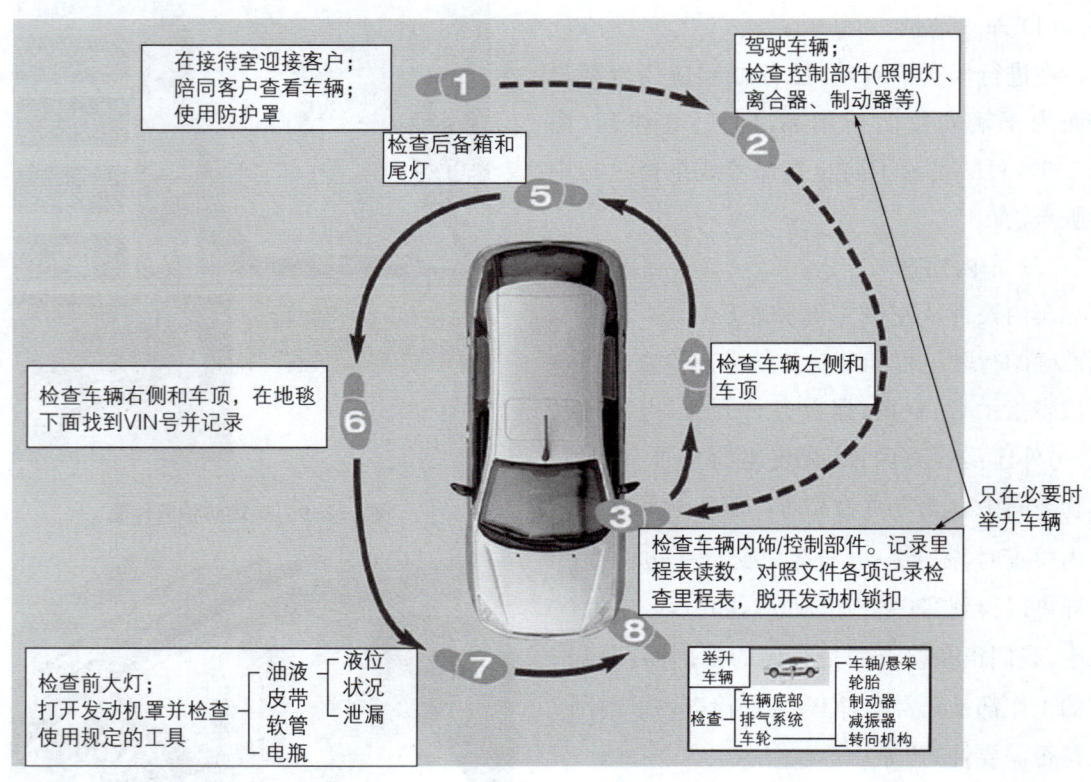

图2-2-12 某汽车维修企业环车检查的步骤和顺序

（4）发动机机舱检查

服务顾问打开发动机机舱，主要检查的项目有发动机机油液位、制动液液位、防冻液液位、转向助力油液位、雨刮水液位、蓄电池、变速箱、各类水管、皮带、机舱是否渗油、各个线束接头是否损坏或脱落。检查发动机机舱时，可采用以下话术："××先生/女士，现在需要打开您的发动机盖，检查下您车辆发动机机舱内的情况，检查下有无油、水需要更换或者添加。"在检查的同时，服务顾问应建议客户做更深入的全车安全检查，并强调是由专业维修技师完成的，而且是免费的，检查的结果如果有异常，会征求客户的意见，不会强制消费。

图 2-2-13 是检查发动机机舱的场景。

图 2-2-13　发动机机舱检查

图 2-2-14　后备箱检查

（5）后备箱

后备箱（行李舱）检查的项目有警示牌、灭火器、备胎、拖车钩、千斤顶、随车工具，以及确认有无贵重物品。

检查后备箱的真实目的是确认有没有贵重物品，以免造成不必要的纠纷，但有的客户后备箱里有不愿外人看到的物品，因此服务顾问在检查前应先询问客户。如"××先生/女士，方便打开下您的后备箱吗？"在得到客户的允许后才能检查后备箱，并时刻告诉客户你在做什么。如检查发现备胎气压异常时，可采用以下话术："××先生/女士，您的备胎气压有点低，我把它记录在接车单内，一会维修技师将为您的爱车做详细检查。"

如果客户不愿打开后备箱，服务顾问应提醒客户自行保管贵重物品，并在接车单上注明"未检查"。

图 2-2-14 是检查后备箱的场景。

6. 接待问诊的错误做法

接待问诊环节常见的错误做法如下：

（1）不遵守预约时间，客户长时间等待接车。

（2）预约的服务顾问或维修技师不在店内。

（3）接车时匆匆忙忙，让客户感觉被应付。

（4）不做或不认真做环车检查，引起不必要的纠纷。

（5）问诊不仔细、不专业，导致维修技师检查时间过长。

（6）预检单（接车单）及其他单据填写不规范，未取得客户授权（签字）。

预检单（接车单）的填写要求如下：

① 有效性：请客户签字确认，使其成为有效的合同。

② 准确性：记载的信息必须清晰、准确，使其成为维修的依据。信息包括：客户信息、车辆信息、施工项目、补充信息（附件要求等）。

③ 同步性：预检单（接车单）的信息与车间、配件部同步，作为领取配件的依据。

④ 可控性：预检单（接车单）有编号记录，严格管理，使其成为传递信息的载体。

六、接待问诊思考、讨论及模拟演练

根据以下情境，结合场地、人员及其他条件，进行思考、讨论及模拟演练。

情境一： 分角色模拟演练，完成接待问诊过程。

老客户吴先生打算国庆节期间开别克凯越带家人出去自驾游，要求更换机油、机滤，并请您接待他。要求：认真填写接车预检单和全车安全检查单。

情境二： 分角色模拟演练，完成接待问诊过程。

客户李小姐的奥迪A4L发动机故障灯亮，车辆加速无力。李小姐第一次到店维修，请您接待她。要求：认真填写接车预检单和维修诊断报告。

单元三 制单报价流程

一、制单报价的流程

当车辆接待完毕后,服务顾问需要带领客户进入接待区(前台)进行维修项目的确认和费用报价。

服务顾问将接车预检单记录的相关信息录入维修管理系统,并为客户制定合理的保养、维修项目。服务顾问可以再次根据客户的车辆环车检查结果与里程数给出合理的保养、维修建议,然后再向客户详细解释保养、维修所需的费用及完成时间,询问旧件处理方式,是否洗车等细节问题,最终获得客户的授权签字。

制单报价流程如图 2-3-1 所示。

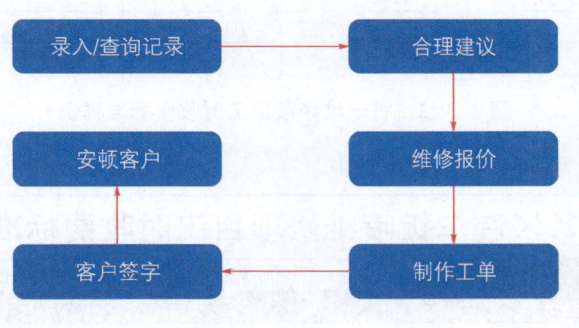

图 2-3-1 制单报价流程

二、制单报价的表单

在服务接待区的显眼位置,都会设有常规保养的价目表。

价目表的设置是以一种开诚布公的方式,清晰、透明地向客户展示价格,可以有效地避免客户可能产生的一些疑虑。

图 2-3-2 是机电维修项目工时收费标准样例。

图 2-3-3 是钣喷维修项目工时收费标准样例。

图 2-3-4 是美容项目收费标准样例。

××汽车机电维修项目工时收费标准

序号	施工项目	收费标准（按新车价格分类，元）				备注
		15万元以内	15万~30万元	30万~50万元	50万~100万元	
1	更换机油及滤清器	40	60	80	100	
2	更换/清洁空气滤清器					
3	更换/清洁空调滤清器					
4	更换燃油滤清器（外置）	30	40	60	80	
5	更换燃油滤清器（内置）	80	150	180	300	
6	更换动力转向油	20	50	60	80	
7	更换/清洗刹车油	60	80	120	200	
8	更换手动变速器油	30	50	X	X	
9	更换/清洗自动变速器油	80	120	180	320	
10	更换自动变速器油底壳/滤网	80	180	320	500	
11	更换防冻液	20	40	60	120	
12	空调管路检漏	20	40	60	100	
13	添加冷媒	30	50	120	200	
14	抽真空加注冷媒	40	80	220	400	
15	空调送风系统检修	40	60	80	180	
16	更换空调干燥瓶	60	80	120	180	
17	更换空调散热器/冷凝器	80	180	240	500	
18	拆装/检测空调压缩机	100	180	300	500	
19	空调蒸发箱清洗杀菌除臭	128	198	298	498	
20	更换喷油器（只）	5	10	20	25	

图 2-3-2　机电维修项目工时收费标准样例

××汽车钣喷维修项目工时收费标准

序号	施工项目	施工部位	收费标准（按新车价格分类，元）				备注
			15万元以内	15万~30万元	30万~50万元	50万~100万元	
1	油漆喷涂	前/后保险杠（单根）	280	320	420	550	5座以上的车型、使用油漆类别、全车改色适当浮动
2		前/后翼子板（单块）	260	300	380	600	
3		前/后车门（单扇）	280	350	450	800	
4		前发动机机舱盖	320	400	480	1 000	
5		后备箱盖	280	320	450	600	
6		车顶	300	400	450	1 000	
7		后视镜壳（单个）	50	80	120	160	
8		上边梁	80	120	180	300	
9		下门槛	80	120	180	300	
10		全车喷漆	2 600	3 200	3 800	6 000	
11	钣金拆装整形	前/后保险杠拆装（单根）	60	80	120	180	根据施工需要及具体车型拆装难度确定
12		前盖/后盖/车门拆装（件）	60	120	160	240	
13		倒车镜壳拆装（只）	30	50	70	100	
14		拆装门把手（个）	20	30	50	80	
15		拆装门外饰条（件）	10	20	30	50	
16		拆装牌照框（个）	10	20	30	40	
17		前/后挡风玻璃拆装（块）	120	160	180	280	
18		全车拆装（不含挡风玻璃）	300	400	500	800	

图 2-3-3　钣喷维修项目工时收费标准样例

××汽车美容项目价格表

分类		项目	收费标准	备注
洗车项目		标准洗车(非会员)	20元/次	5座以上12座以下加收10元
		标准洗车(会员)	15元/次	
		高级精细洗车	60元/次	办理10次精细洗车卡,赠送打蜡1次
车漆养护项目	蜡	防水蜡	80元/次	建议下雨天使用,预防雨迹、水印的产生,使漆面保持光泽
		通用车蜡	80元/次	适合任何情况下使用,预防紫外线、粉尘对车漆的伤害
		日韩系车专用蜡	180元/次	根据日韩车漆软、欧美车漆硬的特点,采用特殊材料成分,有针对性地保护车漆,使漆面艳丽、光滑、雅致
		欧美系车专用车蜡	180元/次	
		全车抛光+划痕蜡+通用车蜡	328元/次	漆面暗哑无光泽或有细微划痕,建议选择,使漆面恢复应有光泽
	釉	全车封釉	1 260元/次	增加漆面的光度、硬度
	膜	三重镀膜	1 980元/次	提高漆面光亮度、硬度、防腐性

图 2-3-4 美容项目收费标准样例

三、制单报价的要点

制单报价环节需要注意的要点如下。

1. 录入/查询记录

服务顾问完成车辆预检后,立即邀请客户进入前台坐下,核对客户资料并录入电脑,在系统中查询客户的维修历史、消费习惯等,服务顾问可更全面地掌握客户与车辆的信息,为之后的合理建议与报价打下基础。

2. 合理建议

服务顾问查看了维修记录后结合客户本次所报的需求,对本次保养维修作出合理的建议。在此过程中,服务顾问应运用自己的专业知识尽量让客户明白维修或保养的必要性。如果客户不同意这些维修项目,应将这些维修项目作为维修建议录入到系统中,以便客户下次到店时其他服务顾问接待该车时提醒客户进行保养维修。

如果在系统中查询到客户上次有未维修的遗留项目,服务顾问也应提醒客户进行更换或维修。如果建议的项目客户同意维修,应进入下一流程与客户确认维修费用。

3. 维修报价、制单

在车辆进入车间维修前,服务顾问应与客户商定维修内容、收费价格、交车时间等具体事宜,同时要确定客户有无其他要求。明确以上事宜后,当场填写"维修委托书"(即接车预检单的电脑版,或称施工单)或预约单(不立刻维修时,注明客户对维修时间及维修内容的特别要求),并按要求办理相关手续,请客户审核相关内容资料,并予以签字确认。

维修报价、制单的注意事项如下:

(1)与客户确定维修价格时,参照公布的工时及配件收费标准进行估价。

(2)对于难以快速找准故障原因的,采用现象估价法,即按照排除故障现象为目标进行维修收费。

(3)维修报价的原则是"逐项报价、先报单价、再报总价"。服务顾问需要加强收费的解释说明,逐项解释收费,做到让客户清楚接下来他/她的车辆需要施工的项目与费用,让客户明明白白消费。

(4)注意特殊车型特殊项目的收费差异。

(5)分析不同的客户类型及其支付能力。

(6)对不当场维修,采用预约维修的客户,根据预约流程处理。

(7)应明确维修配件是用原厂/正厂配件,还是用品牌配件。原则上应拒绝客户自购配件维修。当客户执意自购配件时,服务顾问应明确告知门店对维修质量不作担保,并详细记录在案。

如果需要预订配件应注意以下事项:

① 应在客户同意的基础上,请客户支付一定金额作为配件订金(总价的三分之一)。

② 请客户在配件订货单上签字确认后,服务顾问本人签字,由收银员开具收据。

③ 客户联交付客户,配件联交付配件管理员,服务顾问留一联备查。

④ 时刻关注配件部的订货状态通知。

(8)在收费洽谈过程中,服务顾问要向客户详细说明门店对维修时间和质量的具体规定,并向客户介绍门店对确保质量的具体承诺。承诺时要留有一定的余地,特别要考虑汽车配件供应、维修技术难度和其他不可抗力对维修时间的影响等重要因素,不能有失信于客户的心态与行为。

(9)制作"维修委托书"(施工单)时,服务顾问需要将"维修委托书"(施工单)内容逐项解释给客户听,内容包括:此次维修项目、保养或维修所需零件、零件费用、工时费用、旧件处理方式、交车时间、询问客户是否有遗漏等,解释得越详细越好,以免客户在接下来的服务中产生不必要的误会。

(10)当客户认可"维修委托书"(施工单)上的内容与费用后,服务顾问邀请客户在"维修委托书"(施工单)上进行签字确认,客户签字确认后,相当于与公司签订了具有法律效应的合同,维修项目、价格及完工时间等所有"维修委托书"(施工单)上体现的内容,都是经过双方同意认可的,且不能随意变更,所以客户在"维修委托书"(施工单)上签字确认是一项很重要的工作。客户签完字后,服务顾问将"维修委托书"(施工单)中的客户联交给客户,作为取车时的凭证,并提醒客户妥善保管。

图 2-3-5 是客户在"维修委托书"上签字的场景。

4. 安顿客户

(1)客户签字完成后,如果客户在店等待,应引导客户到客户休息区等候。如果客户离店,应关心客户离店的方式,必要时安排车辆送客户离开。

(2）客户到达休息区后，服务顾问或客服专员向客户介绍休息区，包括休息区的服务人员，提供的服务、休息区的设施、设施的使用方式、设施的作用等，目的是让客户知晓在休息区能得到什么样的服务，客户可以根据自己的爱好安排在休息区的活动。

(3）客户车辆在保养或维修过程中，每隔半小时服务顾问要对客户进行过程关怀，告知客户车辆目前的维修进度、维修状况等，可

图 2-3-5　客户在"维修委托书"上签字

以采用以下话术："××先生/女士，您在这里休息得好吗？您的车辆维修进度正常，预计可以在××点准时完成，请您稍等。"如在保养或维修过程中，客户在车辆存在其他问题，需要增加项目时，服务顾问需要及时提醒客户，在征得客户同意确认后，才可以进行修理。

图 2-3-6 是客户休息区的常见设施。

图 2-3-6　客户休息区常见设施

5. 建立档案

制单报价完成后，应建立客户档案。

（1）客户档案要求一车一档，根据管理系统的内容要求准确填写。

（2）客户档案的具体内容包括客户姓名及联系方式等有关资料、车辆型号及行驶里程等有

关资料、维修项目、保养情况、结算情况、投诉情况等信息。

（3）建立客户档案要细心，不可遗漏客户档案规定的资料。纸质档案不可随意乱放，应放置在规定的专用档案柜内，并由专人保管；电子档案必须做好备份工作。

四、制单报价思考、讨论及模拟演练

根据以下情境，结合场地、人员及其他条件，进行思考、讨论及模拟演练。

情境一：分角色模拟演练，完成制单报价过程。

客户李小姐的奥迪 A4L 发动机故障灯亮，车辆加速无力。经技术总监检查是发动机点火线圈故障，您作为服务顾问，为客户报价如下：

诊断费用 150 元，维修工时 300 元，配件 1 500 元，合计 1 950 元。

客户声称是老板的朋友，要求打折。

请您完成制单报价环节，并做好客户的解释工作。

提示 报价及客户要求打折时的几点建议：

（1）制定工时、配件收费标准；

（2）项目逐项分开；

（3）打折幅度变化不宜过大（设置权限）；

（4）配件不打折；

（5）不让客户找经理或老板；

（6）强调设备仪器的使用；

（7）增加附加检测；

（8）收费的解释说明；

（9）配件的解释说明；

（10）质量保证说明；

（11）估价时，预见不可估计的费用；

（12）注意维修难度以及是否到其他企业维修过；

（13）了解配件价格及采购难度；

（14）是否是常见车型，竞争对手能否完成；

（15）了解客户类型。

单元四　派工维修流程

一、派工维修的作用

派工维修也称生产调度，主要目的是为服务顾问、车间主管和维修技师提供最有效率的方法进行车间生产排程。

服务顾问将车辆交至维修车间，并对客户要求的完工时间进行有效的控制。

派工维修的作用如下：

1. 组织

根据维修项目要求及时施工，均衡车间生产能力。

2. 控制

对车辆维修进度及维修质量进行管控，确保按时、保质、保量交车。

3. 协调

与服务顾问、技术总监、配件管理员等协调解决生产过程中的问题。

4. 调节

合理安排维修技师的工作内容及工作时间，营造愉悦的工作氛围。

二、派工维修的流程

图 2-4-1 是派工维修流程。如果是保养小修项目，服务顾问可直接派工；如果属于复杂疑难项目，则由车间主管组织诊断后派工，但必须与服务顾问沟通。

图 2-4-2 是全车安全检查流程。对于客户同意进行全车安全检查的车辆执行此流程，配合"全车安全检查单"使用。

图 2-4-3 是维修进度管控流程。为保证准点交车，必须严格执行此流程，配合"维修进度管理看板"使用。

图 2-4-4 是拆检报料流程。为避免报

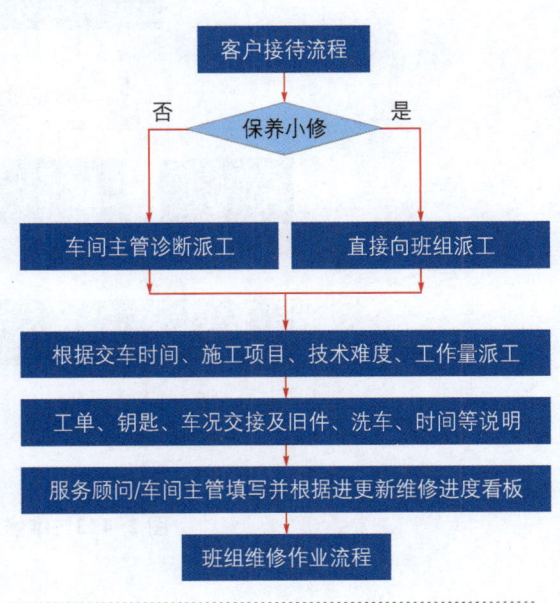

图 2-4-1　派工维修流程

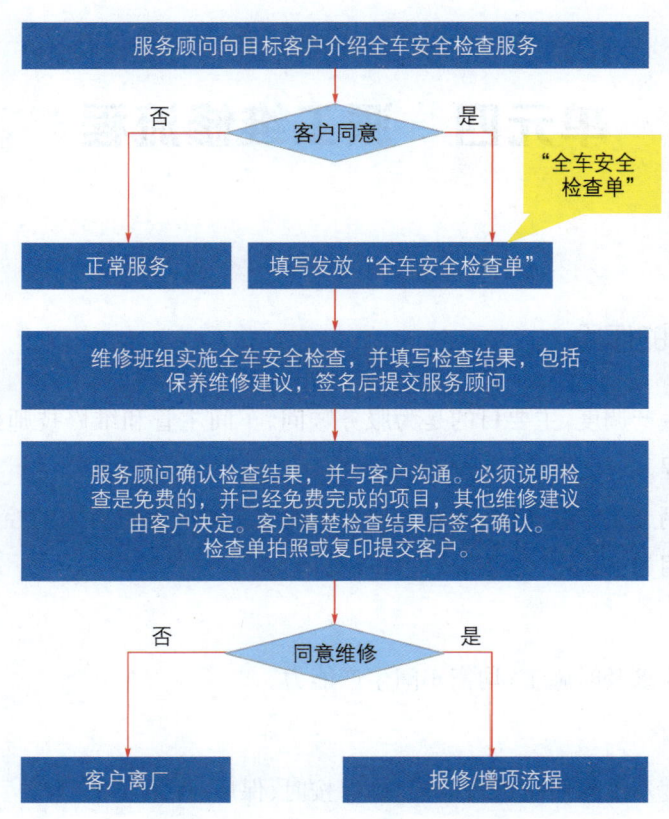

图 2-4-2 全车安全检查流程

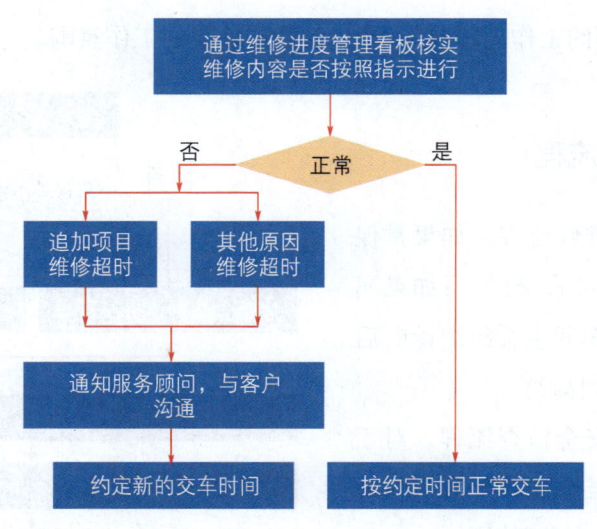

图 2-4-3 维修进度管控流程

料（配件）不准确、多次报料的情况发生，必须严格执行此流程，配合"维修项目检查报价单"使用。

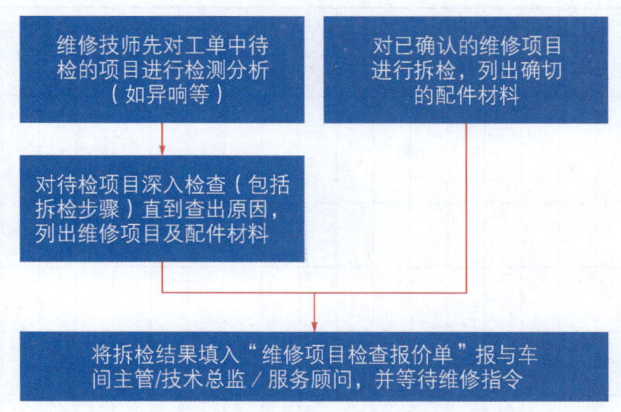

图 2-4-4　拆检报料流程

图 2-4-5 是追加(增项)流程。班组在施工过程中发现新的故障,未经客户同意不得擅自维修,否则可能造成纠纷,因此必须严格执行此流程,配合"维修项目检查报价单"使用。追加项目必须确保车间、服务顾问和客户之间沟通顺畅,各环节应保存相关的依据(作为证据)。

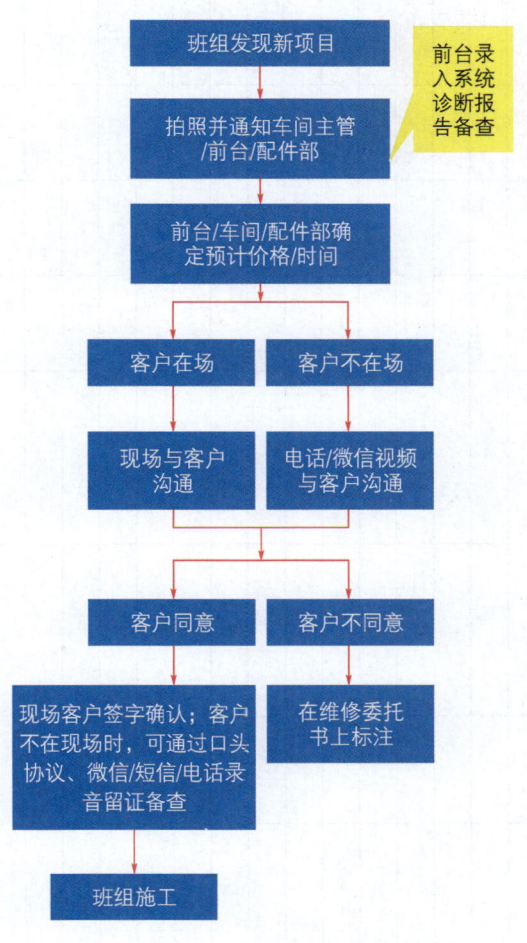

图 2-4-5　追加(增项)流程

××汽车机电维修进度看板

年　月　日

序号	车牌号码	品牌车型	进厂时间	交车时间	施工班组				维修进度						服务顾问	备注
					机电1组	机电2组	机电3组	机电4组	待修	施工	待答复	待配件	质检	洗车	完工		
1	川J88888	奔驰S300	11月11日14:30	11月12日14:30			●			●							
2																	
3																	
4																	
5																	
6																	
7																	
8																	
9																	
10																	
11																	
12																	
13																	
14																	
15																	
16																	
17																	
18																	
19																	
20																	
说明																	

图 2-4-6　机电维修进度管理看板

××汽车钣喷维修进度看板

年　月　日

序号	车牌号码	品牌车型	进厂时间	交车时间	施工班组				维修进度							服务顾问	备注
					钣金1组	钣金2组	油漆1组	油漆2组	待修	施工	待答复	待配件	质检	洗车	完工		
1	川J88888	奔驰S300	11月11日 14:30	11月12日 14:30			●			●							
2																	
3																	
4																	
5																	
6																	
7																	
8																	
9																	
10																	
11																	
12																	
13																	
14																	
15																	
16																	
17																	
18																	
19																	
20																	
说明																	

图2-4-7　钣喷维修进度管理看板

综合车型汽车定期保养计划表

保养类别	保养项目	保养里程/时间						
		每5 000公里(3个月)	每10 000公里(6个月)	每15 000公里(9个月)	每20 000公里(12个月)	每30 000公里(18个月)	每40 000公里(24个月)	每60 000公里(36个月)
常规保养(必须执行)	发动机机油	更换	更换	更换	更换	更换	更换	更换
	机油滤清器	更换	更换	更换	更换	更换	更换	更换
	空气滤清器	清洁	清洁	更换	清洁	更换	清洁	更换
	空调滤清器	清洁	清洁	更换	清洁	更换	清洁	更换
	汽油滤清器	免费检查	免费检查	免费检查	更换(外置)	更换(内置)	更换(外置)	更换(内置)
	手动变速器油	免费检查	免费检查	免费检查	免费检查	免费检查	免费检查	更换
	转向助力油	免费检查	免费检查	免费检查	更换	免费检查	更换	更换
	防冻液	免费检查	免费检查	免费检查	免费检查	免费检查	免费检查	更换
	制动液	免费检查	免费检查	免费检查	免费检查	更换	免费检查	更换
深度保养(推荐执行)	进气系统		节气门清洗	节气门清洗	节气门清洗	免拆清洗	节气门清洗	免拆清洗
	燃油系统			免拆清洗	免拆清洗	免拆清洗	免拆清洗	免拆清洗
	燃油添加剂	每次或隔次加油时添加,净化汽油,清洁燃油/燃烧室,提升动力						
	润滑系统					免拆情况		

图2-4-8 定期保养计划表(综合车型)

三、派工维修的表单

图2-4-6是机电维修进度管理看板,图2-4-7是钣喷维修进度管理看板。维修进度看板应用白板制作并悬挂在车间醒目处,规模小的企业机电和钣喷管理看板可以合二为一。

图2-4-8是定期保养计划表。定期保养计划表是"技术营销"的重要工具,在常规保养周期的基础上植入深度养护的项目,可以根据企业服务的主要车型设计。定期保养计划表应该精美制作并分别悬挂在服务大厅及客户休息室,并配合推荐项目的实物介绍使用,潜移默化地提升客户定期保养车辆的正确理念,提升企业的产值。

图2-4-9是"维修项目检查报价单"。车间维修班组拆检后列出所需更换的配件、材料,车间主管/技术总监确认后,交配件部报价,服务顾问负责与客户沟通。

××汽车维修项目检查报价单

序号	维修项目	配件名称	更换/维修原因	数量	配件单价(元)	配件总价(元)	工时费(元)	备注
1								
2								
3								
4								
5								
6								
7								
8								
9								
10								
11								
12								
13								
14								
15								
预计施工/完工时间:		配件费合计:		工时费合计:		合计金额:		
维修班组/技师:		车间主管/技术总监:		服务顾问:		客户:		

图2-4-9 维修项目检查报价单

四、派工维修的要点

以下介绍派工维修环节需要注意的要点。

1. 保持有效的沟通

（1）内部（部门之间）沟通

前台、车间、配件各部门之间的沟通，包括流程改善、配件的领用借用、各工种工序之间的衔接、设施设备工具资料的协调、追加增项、施工中的异常状况（交车时间及返工）等。

（2）外部（客户、合作伙伴）沟通

预约、维修时间承诺、追加增项等需要与客户沟通的事项。

（3）沟通工具

微信群/QQ群等在线沟通工具，对讲机（减少走动及浪费时间）。

2. 正确解读和依据维修委托书

车间主管及维修班组必须正确解读和依据"维修委托书"（或者接车单、施工单）施工。

（1）是否全面

施工内容及客户要求"额外免费处理"的项目等。

（2）是否合理

施工内容、交车时间及费用是否合理。交车时间承诺要留出富余的时间，避免出现意外情况时无法按时完工。

3. 建立标准化的进度控制系统

（1）标准化的进度控制系统的作用

标准化的进度控制系统让维修作业可视化，加强维修进度监控，及早发现维修作业中的异常情况，提高作业效率。

通过车间维修进度管理看板等，可以清晰地掌握车间工位占用情况、班组工作负荷及车辆维修进度等。

车间主管在日常工作中经常会遇到服务顾问或者客户要求"赶时间，请抓紧时间维修"的情况，如何才能保证维修质量？

图 2-4-10 是维修质量、进度和时间的关系。从理论上讲，维修时间越长，进度就越慢；客户或服务顾问给维修技师时间越长，维修质量越高。实际工作中，服务顾问应协调客户时间要求和车间维修进度的关系，找到一个最佳平衡点。

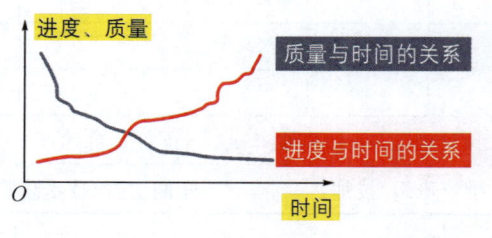

图 2-4-10　维修质量、进度和时间的关系

提示 ☆ 在任何状况下，不能以降低维修质量来争取维修进度。

（2）标准化的进度控制系统的类型

进度控制系统的类型包括维修调度表、维修进度管理（调度）看板，以及电脑维修进度管理系统的 LCD 显示屏，如图 2-4-11 所示。

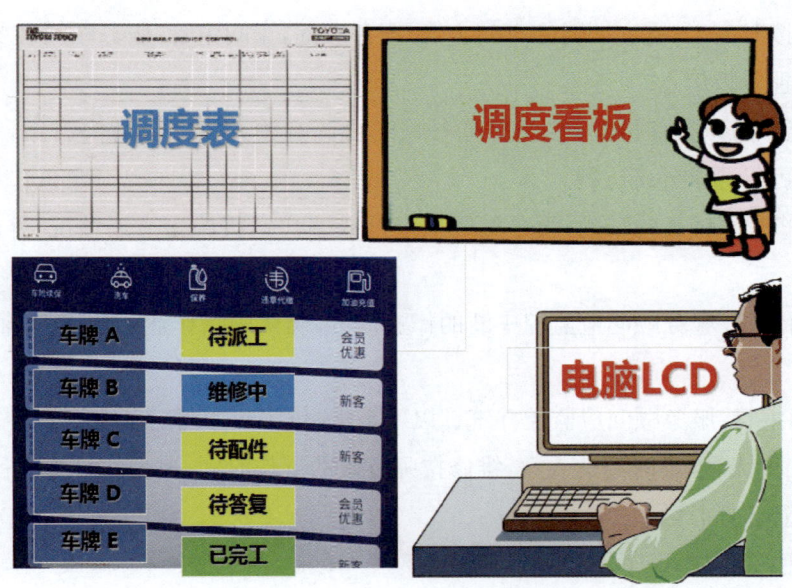

图 2-4-11　各种进度控制系统的类型

（3）维修进度管理看板的使用要求

实际工作中，大部分企业的"维修进度管理看板"形同虚设，原因是基本上没有更新。维修进度管理看板的使用要求如下：

① 服务顾问/车间主管负责维修进度管理看板日常管理和信息维护；

② 服务顾问/车间主管在每次派工后，必须立即把相关信息填写到管理看板上；

③ 当维修作业出现异常时，须及时更新管理看板信息；

④ 服务顾问/车间主管日常工作中要加强"走动"管理，掌握车辆维修动态，及时进行维修进度管理看板的更新。

4. 合理派工的要求

（1）保养小修的车辆，服务顾问直接派工到班组；涉及疑难故障维修的车辆，交由车间主管/技术总监根据班组的技术能力派工。

（2）养成立即派工的习惯。应在接待流程完成后 5 分钟内完成派工。

（3）按照不同的维修类别和班组的工作状态进行派工，确定班组的工作量是否均衡。

（4）客户指定专人维修时，被指定人员空闲或客户认可等待的，应尽量满足。特殊情况应与客户沟通，做适当调整。

（5）派工完成后立即在进度管理看板填写车辆的维修班组、维修项目、开工时间、预计完工时间等内容。

(6) 在正常情况下,按照"先到先修"的原则,根据维修工种、技术难度、交车时间,结合班组技术能力及工作情况,公平公正派工。

优先派工的顺序:返修/客户抱怨—保修—预约客户—客户在店等待—客户离店。

(7) 维修班组如因维修项目变更、技术能力、维修设备、配件材料、人员调配等因素,在规定的时间内不能按时完工,需立即通知车间主管/服务顾问,车间主管/服务顾问必要时告知客户,并更新进度管理看板信息。

(8) 当出现维修中断时,车间主管/服务顾问协调有关人员制订解决方案,并确认进展情况。特殊情况可以寻求外部支持。

(9) 对维修时间较长的车辆,服务顾问应定期向客户通报施工进展情况,并对休息区的客户进行关怀。

(10) 车间主管/服务顾问应监控中断的作业内容,确认中断作业的原因/车辆台数,并提出解决方案。

(11) 车间主管/服务顾问应监控并统计以下数据,供派工参考、流程改善、生产能力分析参考:维修技师出勤人数/准时到达人数,维修技师有效的工作时间,典型的维修项目施工时间,超时车辆台数/超出时间等。

(12) 合理控制维修程序。

维修工序的安排要考虑维修技师、工位、设备、工具、交车时间等因素。维修工序:清洁—机电—钣金—喷漆—清洁。

图2-4-12是中小事故钣喷工艺流程(工序及时间),不同维修技师的技术水平及设备、材料条件会有影响,仅供参考。

工序	所需时间(分钟)
拆卸	10~30
钣金修复	30~45
除油锈、清洁及防锈底漆	40~60
原子泥填补、干燥及打磨	50~90
中途底漆、干燥及打磨	40~80
面漆、干燥及打磨	50~50
清漆罩面及干燥	40~80
抛光	25~35
安装	15~30
合计	300~500

图 2-4-12 中小事故钣喷工艺流程

5. 追加(增项)处理方案

如果维修技师发现新的问题,需及时告知服务顾问,服务顾问核对项目与费用后再次对客户做追加(增项)报价。

(1) 服务顾问接到维修车间关于追加维修项目的信息后,应立即与客户进行联系,征求客户对增项维修的意见。同时,应告知客户由增项所引起的工期延误和所需追加的费用。

(2) 得到客户明确答复后,服务顾问应立即转达维修车间。

(3) 如果客户不同意追加维修项目,服务顾问可口头通知车间并记录通知时间和车间负责人;如果客户同意追加维修项目,应立即开具追加维修"派工单",列明所追加的维修项目和具体内容要求,交维修车间负责人或维修班组,并详细记录交单的时间。

(4) 说明追加项目时,要从技术上做好解释工作;事关安全问题时,要特别强调其利害关系。要冷静对待客户的抱怨,不可强求客户,应当尊重客户的选择。

(5) 追加项目前要做的重要事情如图 2-4-13 所示。说明如下:

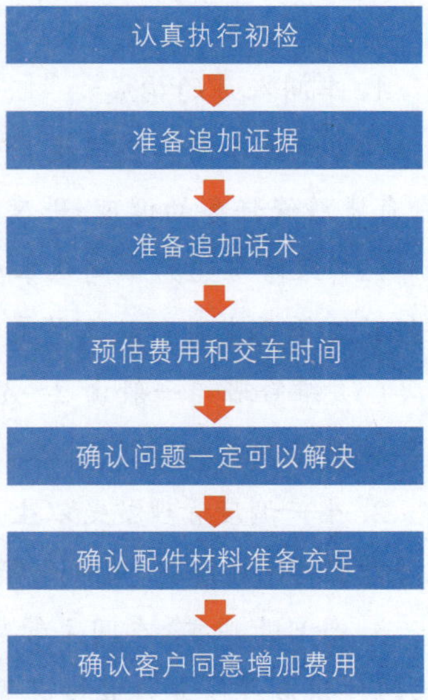

① 在车辆保养、维修接待前认真执行初检,将检查/诊断的结果向客户进行详细的说明,并列入正常的维修项目,避免可以预见的追加项目发生。

② 根据检查/诊断的结果,向客户把需要增加的维修项目内容、更换零件、维修费用、交车时间进行详细的说明。

图 2-4-13 追加项目前要做的事

③ 得到客户的同意。绝不允许在未得到客户的同意之前增加项目的维修工作。

④ 如果客户不在现场,应电话征求客户同意,并做好记录(包括几点几分电话或微信/短信确定)。

⑤ 追加项目发生时,客户往往会误认为企业在故意扩大维修项目,即"宰客",因此要注意避免嫌疑。技巧如下:

A. 说明所发现问题的严重性,观察客户的反应,判断客户是否已经事先知晓或对问题的关注程度。

B. 专业性高的问题,应让客户到现场由维修技师进行说明。客户更相信"亲眼所见"及"专业的人士"。

C. 如果是同一个工作程序,说明可以节省费用。例如,拆装正时机构时发现正时皮带有裂纹,此时更换客户只需要额外支付配件费用,无须支付拆装工时。

D. 如果涉及项目金额较高,应为客户申请折扣或优惠,因为这毕竟超出客户原来的维修预算。

E. 当项目涉及金额很高,而且问题不影响行车安全时,可以替客户进行暂时处理,下次再维修,但必须在维修管理系统中注明。

F. 对于涉及行车安全的问题,强烈建议客户立即处理。如果客户坚持不处理,还是要理解客户的选择,但必须将检查结果及维修建议,以及客户的意见写在"维修委托书"上,并请客户签字确认(或保留相关的证据,避免以后纠纷)。

五、生产及技术管理制度

派工维修环节中,涉及车间生产及技术管理制度。

车间生产调度管理制度

1. 车间人员的构成

(1)维修车间为公司生产管理部门,管理岗位设车间主管、技术总监和质量检验员,可兼任,负责维修任务的调度、进度监控、质量检验、各部门协调和考核的全面管理工作。

(2)维修班组为车间基本生产单位,维修作业一般以班组为单位进行,班组接到施工单后,依据施工单要求进行施工作业。维修班组日常事务由班组长(技师长)负责。

(3)维修班组一般由2~3人组成,其中主修技师兼班组长1人,维修技师1~2人,必要时配备辅助工或学徒工1~2人。

2. 生产调度管理就是以生产作业的施工单为依据,合理组织公司的日常生产活动,定期检查维修作业的完成情况,及时而有效地调整和处理生产过程中的异常情况,保证全面完成生产任务。

3. 每日上班前,车间主管应检查生产准备情况,包括班组人员到岗情况、设备工具准备情况、配件供应或修复待装情况等,督促和协助有关部门、班组按时做好各项准备工作。

4. 车间主管根据当日的施工单及时、合理、均衡地安排班组进行生产作业。员工必须绝对服从调度指令。如班组或员工对调度指令有意见,必须先执行,下班后再提出各自的意见,必要时可向服务经理报告。

5. 上班期间,车间主管要在车间内进行周期性巡视,检查各个作业工位的工作情况。如果发现异常,应及时协调和处理。一般情况下,每小时巡查1次,每次不少于25分钟。

6. 车间主管要根据生产需要,合理组织和调剂生产作业安排,以确保各工位之间的有效配合。当班组作业完成时,应及时通知质量检验员迅速到工位检验。

7. 车间主管要经常与配件部门联系,了解配件供应情况,督促配件部门及时把配件供应到车间班组。

8. 出现维修增加项目情况时,车间主管应立即通知前台,以便与客户取得联系。在接到前台处理意见后,应及时通知班组进行增项维修作业。

9. 车间主管要检查督促维修班组合理使用和维护设备,禁止设备带故障运行。一方面要检查、督促操作者按章操作,另一方面要检查、督促设备工具的日常维护、保养和维修。

10. 送修车辆统一由车间主管安排调度和驾驶移位,任何人员未经准许,不得擅自开动车辆。非技术检验人员和车间主管不得外出路试车辆,没有驾驶证的人员不得移动车辆。禁止任何人员无故启动汽车,包括启动汽车电器。

11. 车间主管要认真做好生产作业的调度记录、生产情况的统计和分析,以及总结生产过程中的问题与经验。

12. 车间主管要负责生产区域内的文明环境建设，应经常引导教育员工文明施工，爱护环境、爱护设备、爱护车辆，遵守安全生产规定，保持车间整洁卫生。

13. 车间主管要组织好生产调度会，对生产过程中的突出问题或典型情况，要及时通报员工，引起重视；对表现优良的员工，要及时予以表扬，以树立榜样，鼓励员工积极向上。

24小时救援服务流程如图2-4-14所示。

24小时救援服务管理制度

24小时救援服务是维修服务的延续，是提高客户满意度重要环节。

1. 值班人员在厂内维修服务和外出救援服务仍要求穿工作服并佩戴工牌。
2. 值班人员必须熟悉各款车型技术数据及常规维修方法。
3. 熟悉服务流程并能按流程处理夜间服务。
4. 在电话铃声响三声前接听电话，并用规范语言接听和做好记录。
5. 值班人员在18:00前到岗，维修技师和配件值班人员应在厂内待命。接到外出救援任务后必须在接到客户电话后10分钟内出发。
6. 接听电话和服务应详细记录在"夜间值班记录表"上，以备随时查阅。
7. 外出救援服务应详细记录客户和车辆信息，以便回访人员能够回访客户，并应请客户填写服务意见表。
8. 服务救援车辆钥匙由值班负责人保管，不得私自使用。
9. 值班负责人每天对存放在值班室的常用配件进行检查清点，并记录。
10. 值班负责人每天早晨安排清洁值班室，并整理施救工具及其他用品。

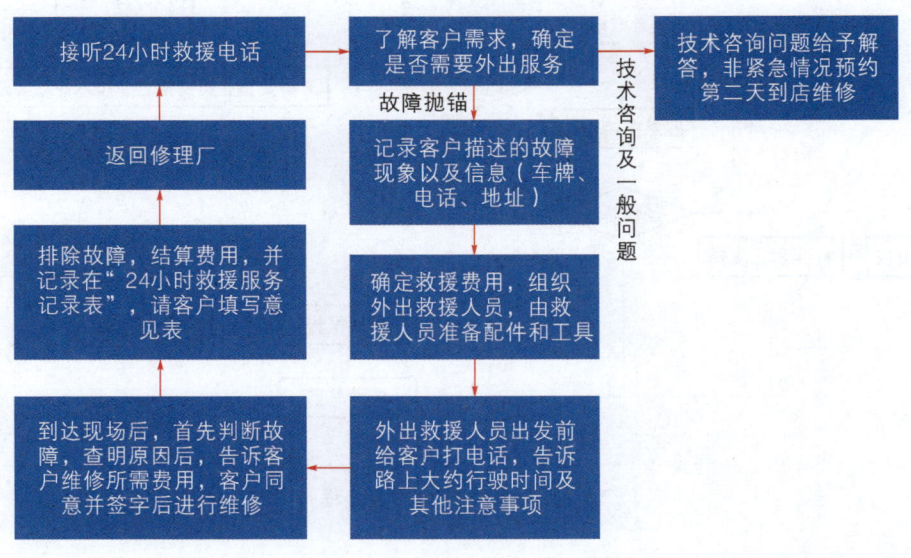

图2-4-14　24小时救援服务流程

技术支持流程如图 2-4-15 所示。技术案例模板如图 2-4-16 所示。

疑难故障会诊制度

1. 承修疑难故障车辆时，技术总监应组织各班组长及相关技术人员进行技术会诊，确定维修方案，再由分配的班组进行维修。

2. 维修班组承修疑难故障车辆后，必须在 3 个工作日内撰写维修技术案例，并在技术培训会上进行培训讲解，提升整体技术水平。如果是优秀的案例，由公司统一联系汽车维修技术杂志发表，并对优秀撰写者给予经济奖励。对拒绝撰写技术案例的人员，根据情节给予处罚。

3. 各班组遇到没法准确判断故障或不知如何操作的车辆时，必须根据技术支持流程执行，不得擅自处理。

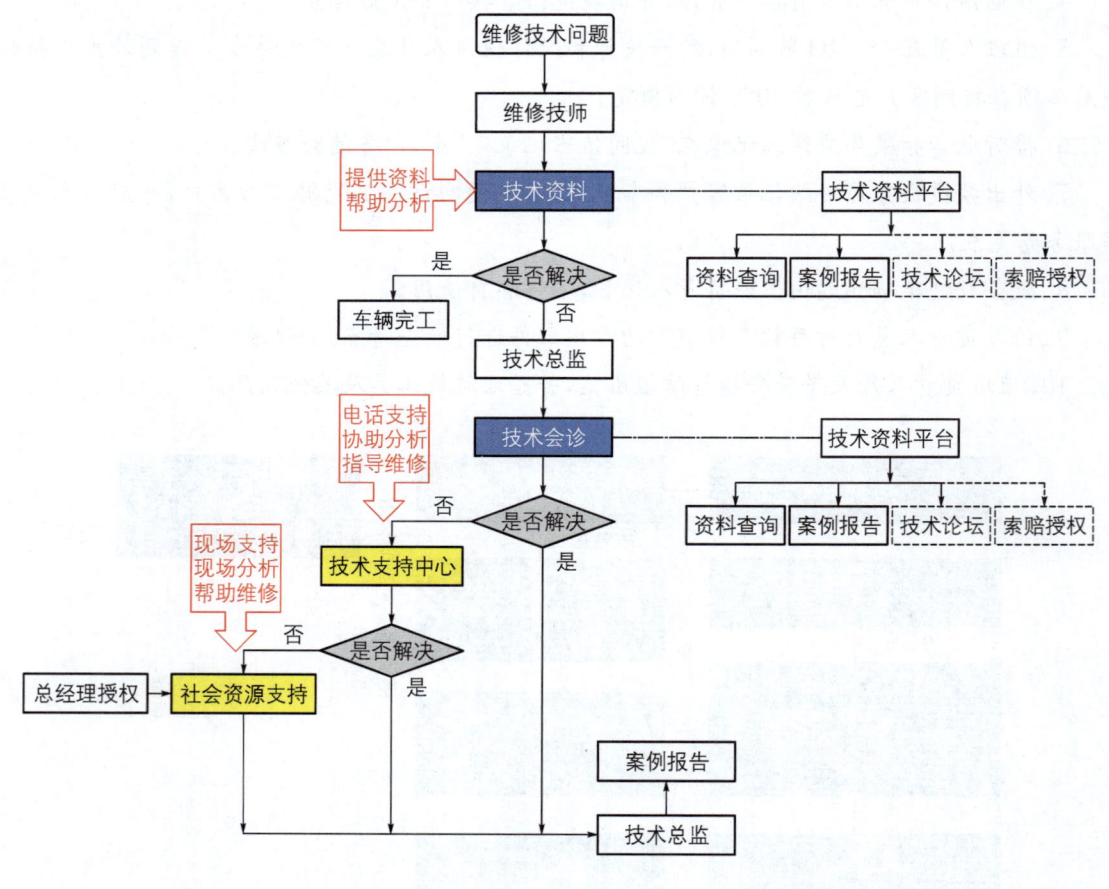

图 2-4-15　技术支持流程

NO.

故障主题					
品牌/车型		年款/VIN			
行驶里程	km	发动机型号		变速器型号	
故障现象描述：					
故障原因分析：					
故障排除过程：					
故障总结：					
电路图及其他资料：					

图 2-4-16　技术案例模板

生产设备管理制度

1. 本公司生产设备的技术管理由技术总监具体负责。

（1）负责对本公司生产设备技术管理的目标、原则、重大决策提出实施议案，供公司领导参考决策。

（2）负责制定生产设备技术管理的工作细则、岗位职责、各类维护计划、维护技术要求与标准，并组织贯彻执行。设备保养维修计划由技术部门下达到生产部门，并由生产部门各级管理人员协助实施。

（3）负责检查监督生产设备的日常使用与维修情况，对违章使用设备及技术状况不符合规章要求的，有权停止其使用。

（4）负责生产设备的选型、购买洽谈、验收及安装等方面的工作。及时提出更新或改造设备的计划。

（5）负责实施以状态监测技术为基础的生产设备现代化管理，指导一线班组对生产设备的日常清洁、调试、保养和维护。

（6）负责建立生产设备档案，生产设备的图纸、技术说明书、合格证等，要进行登记并编号造册。

(7) 负责对生产设备事故的调查处理。

(8) 负责组织员工进行有关生产设备正确使用方面的技术培训。

2. 生产设备的保养维护实行日常例行保养、月度深度保养和年度全面保养的综合监管，由技术总监主管，维修班组执行。

(1) 日常例行保养：每日下班前，由维修班组负责做好设备的清理、清洁、检查、调整和复位等工作。

(2) 深度保养与全面保养，由技术总监提出具体负责，提前一周将相关计划书送达维修班组。

3. 生产设备常规技术要求。

(1) 所有生产设备必须摆放整齐，明确其安装地点，并做好标识，检验设备应做好校验计划，校验后贴上合格标识，并确保其在有效期内。

(2) 生产设备的安全防护装置必须齐全，线路管道畅通完好。

(3) 生产设备保持清洁，无渗漏、无油污、无碰伤、无划伤、无废料堆积。

(4) 生产设备的所有润滑点应按时润滑。

(5) 生产设备运转时，操作人员应随时视察，注意生产设备的运转状态，如果发现故障或异常情况应及时停机检修，无法消除异常时，应立即报告主管领导处理。

4. 生产设备的购买，由技术总监提出申请，经总经理审批同意后方可购买，对工具设备停用、报废，由设备管理员提出申请，经总经理审批同意方可实施。

检测仪器管理制度

1. 公司的检测仪器全部登记、造册、建档。

2. 重要或贵重的仪器、设备一律定专人使用、专人保管，凡公用仪器设备需借用时，由班组长级别以上人员办理借用手续后方可借出使用。

3. 重要仪器设备一律不外借，如工作需要携带外出，必须经技术总监批准并办理借用手续。

4. 仪器、设备使用完毕后，应尽早归还。归还时，应由管理人员验收，如有损坏，借用者应予赔偿，并说明损坏原因。

工具管理制度

1. 生产班组的工具由各班组成员进行保管和维护，不得丢失和人为损坏。

2. 专用工具由配件部门仓库管理员负责保管和生产借用。

3. 技术总监负责根据本公司的发展计划和市场定位，制订生产工具的采购和配备计划，合理进行生产工具的选型、配备和淘汰。

4. 相关人员要制订合理的工具维护计划，工具使用前后应进行彻底清洗。

5. 相关人员要严格执行工具借用的有关手续。

6. 相关人员要严格执行工具的使用规定，不得用于有损于工具的工作。

7. 由于保管不慎和人为原因造成工具损坏或丢失的,责任人应该进行赔偿。

8. 技术总监要定期对所有工具进行检查,由于工具的使用年限和工具的质量原因造成的工具损坏,公司给予补充。

<h3 style="text-align:center">技术档案及资料管理制度</h3>

1. 技术档案是指本公司进行生产经营活动所用的一切重要图片、图纸、光碟、图书、报表、技术资料、有关设备、技术的文字说明等技术性文件,整理后归并文件档案。

2. 本公司技术档案有:维修汽车技术质量档案,技术标准、规程、工艺文件、统计报表等生产技术档案,设备档案和维修技术案例档案。

3. 技术档案由技术总监负责建立、保管、运用或提供使用,保管工作由技术总监指定专人负责。

4. 资料进入本公司后,技术总监应在一周内建立档案。建档时要分类编号,登记立卷归档,并按必要的整理编制卡片,以便查阅。

5. 本公司技术档案不外借。内部技术人员办理借阅手续后,可以借阅,但属公司秘密的资料不得外借,不得随便复印。

6. 技术档案借阅后及时归还并办理归还手续。

7. 技术部定期对技术档案进行鉴定,确定保管年限,及时销毁失去使用价值的档案。

8. 丢失、损坏技术档案的要照价赔偿,故意破坏的根据情节给予行政处分及20～100元的罚款。

六、派工维修思考、讨论及模拟演练

根据以下情境,结合场地、人员及其他条件,进行思考、讨论及模拟演练。

情境一:

客户李小姐的奥迪A4L需要对前保险杠进行喷漆,同时更换前避振器和加注冷媒,车间喷漆组、电工组与机修3组都未被派工,也没有举升工位。

问:您如何合理安排工序?

情境二: 追加项目造成的客户投诉。

客户张先生到某汽车维修厂修车。服务顾问A接待张先生,并确认张先生的车怠速抖动、冒黑烟的现象是氧传感器故障,需更换,人工工时费用加上配件费用共650元,工期一天,张先生认为可以接受,并在维修单上签字。

第二天,张先生打电话询问维修进度时,服务顾问B说:"服务顾问A出差了,车已修好,更换了氧传感器及空气流量计,人工工时费用加上配件费用共1 800元。"张先生马上到修理厂,质问服务顾问B为什么更换空气流量计不通知他。服务顾问B答复说该车不是他接的,服务顾问A出差,不关他的事,要找服务顾问A或服务主管处理。"最后造成张先生与服务顾问B在业务厅内争吵,张先生决定投诉。

问：您认为什么原因引起投诉及争吵？您如何解决该问题？

请组织讨论并得出结论。

提示(仅供参考)：

原因分析：

1. 服务顾问 A 没有准确判断故障原因(疑难问题的诊断)；

2. 增加项目没有及时通知张先生,使之确认；

3. 服务顾问 A 出差没有交接工作,服务顾问 B 工作中推诿责任；

4. 其他。

解决方案：

1. 把张先生请到办公室,避免干扰其他客户和正常工作。

2. 认真听取张先生的抱怨,详细了解情况。

3. 承认修理厂的过失,向张先生道歉,并解释有关原因。

4. 感谢张先生提出的投诉及反应的宝贵意见。

5. 折扣或补偿。

单元五　质量检验流程

一、质量检验的作用

为了减少维修过程中的漏项、错项,在维修完工后车辆必须经过质量检验合格后方可交车,确保一次性修复率。质量检验的重要性如图 2-5-1 所示。

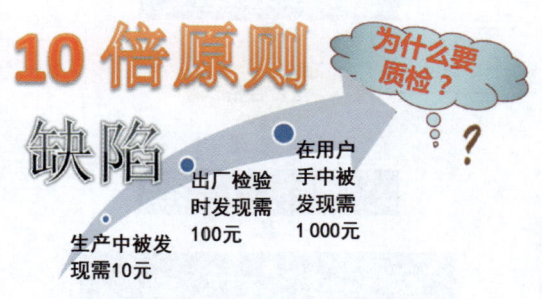

图 2-5-1　质量检验的重要性

质量检验的作用如下:

(1) 所有项目施工完成后,都要实施质量检验,将质量意识渗透到流程的每一步,保证"一次性修复"是优质服务的体现。

(2) 控制成本:返工、返修将造成企业的成本大幅度增加。

(3) 消除车辆事故隐患,防止重大事故的发生。

(4) 减少客户抱怨、投诉的发生,提高客户满意度,增加再入店机会(即回头客)。

(5) 对维修技师技术水平评判最有效的手段。

(6) 增加企业经营收入,提升效益。

二、质量检验的流程

质量检验流程如图 2-5-2 所示。

三、质量检验的表单

以下介绍质量检验流程需要用到相关的表单。

图 2-5-3 是外部"返修处理表",当发生车辆返修时采用。

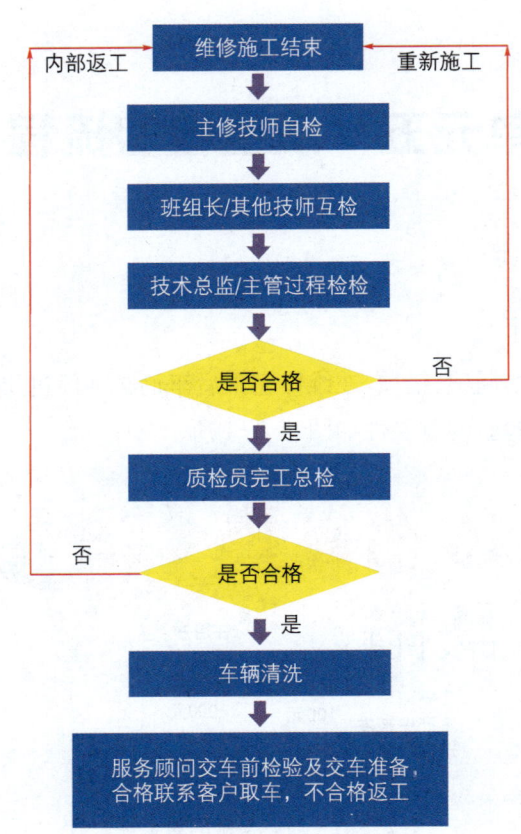

图 2-5-2　质量检验流程

××汽车服务有限公司返修处理表							
编号：外-NO.								
客户姓名		联系电话		车牌号码		车型	
工单编号		维修金额	元	入厂时间		出厂时间	
服务顾问		质检员		施工班组		主修技师	
返修项目描述							
返修原因分析	□诊断错误　□操作疏忽　□操作方法不当　□工具仪器设备不良 □配件质量　□配件错误　□车辆设计缺陷　□报修项目不清　□管理问题						
	其他原因：						
返修施工处理记录	施工内容： 　　　　　　　　　　　　　　　　　　　　　维修技师： 　　　　　　　　　　　　　　　　　　　开工时间：　　　　完工时间：						
	车间完工检验：				交车前检验：			

图 2-5-3　外部返修处理表

××汽车服务有限公司月度返修记录表

年　　月

日期	工单号	车牌号	车型	维修类别 保养/小修/ 大修/事故	班组	返修原因（对应的打×或注明）								检验员	备注
						诊断错误	操作疏忽	操作方法	工具设备	配件质量	配件错误	设计缺陷	报修不清	其他原因		

月度统计总台数：　　　机电1组台数：　　　机电2组台数：　　　机电3组台数：　　　钣金台数：　　　油漆台数：　　　洗美台数：

整改意见：

服务经理：

图 2-5-4　月度返修记录表

图 2-5-4 是"月度返修记录表",用于统计每月返修情况。

图 2-5-5 是"月度维修质量表",用于统计每月维修质量情况。

××汽车服务有限公司月度维修质量统计表

年　　月

日期	工单号	车牌号	车型	施工班组	检验结果		是否准时交车		检验员	备注
					合格√	不合格×	是√	否×		
月度统计		总检验台次			检验合格数量		准时交车数量		其他说明	

图 2-5-5　月度维修质量统计表

图 2-5-6 是"事故车质量检验记录单",用于大事故车各工种之间衔接的质量监控。

××汽车服务有限公司事故车质量检验记录单

车牌:_____　车型:_____　接车时间:___月___日___时___分　服务顾问:_____
预交车时间:___月___日___时___分　实际检验时间:___月___日___时___分　质检员:_____

序号	机电检验项目	检验结果		不合格项目		处理确认
		合格	不合格	班组	施工人	(质检签名)
1	客户描述的故障是否排除,项目施工是否完成					
2	与施工项目直接关联的机构是否正常					
3	装配的螺栓(特别是轮胎等重要部位)是否紧固					
4	转向系统、制动系统连接是否松旷或装配不当					
5	油、水的液面与质量					
6	是否有油、水、气泄漏					
7	全车灯光、仪表、车门玻璃升降、雨刮、空调等常规功能是否正常					
8	与本次项目无关的零件损坏情况是否进行建议登记					
9	路试结果是否正常(特别是转向、换挡、加速、刹车等是否正常)					
10	车上的物品是否恢复原样摆放,有无工具遗留车上					
11	班组自检手续是否完善					
12	车辆是否按时完工					

图 2-5-6　事故车质量检验记录单

四、质量检验的要点

以下介绍质量检验流程各环节的要点。

1. 质检环节说明

（1）自检/互检

实施人员：维修技师。

① 自检

A. 维修项目完成后，维修技师进行自检。

B. 对检查出的问题，应立即解决。

C. 若在维修委托书上注明客户需要带走旧件，应将旧件擦拭干净包装好，放在车上或指定位置。

D. 签字确认。

② 互检

A. 维修项目完成后，班组内部技师互检，主要内容为维修项目是否遗漏，安装是否到位，零件是否紧固，维修后的使用功能是否正常等。

B. 对检查出的问题，应立即解决。

C. 如影响交车时间，应立即通知服务顾问。

D. 记录互检异常情况，并签字确认。

（2）巡检/过程检验

实施人员：车间主管/技术总监。

① 技术总监或车间主管在车间巡视，观察各维修班组的工作表现。

② 每日定量间隔抽查部分在修车辆，重点是互检异常较多和较少班组施工的车辆。

③ 对疑难故障，询问维修技师的诊断、排除思路。

④ 对一般故障或简单拆装，重点询问维修技师相关拆装参数及方法。

⑤ 使用关键的仪器、设备、工具时，观察维修技师的操作正确性。

⑥ 维修技师不清楚时给予指导、纠正。

⑦ 记录过程检验异常情况，并签字确认。

（3）总检（完工检验）

实施人员：质量检验员。

① 核对维修委托书，检查维修项目是否完成。

② 检查维修项目相关的机构有无遗漏，装配是否到位，螺栓是否紧固。

③ 检查维修后的各项使用功能是否正常。

④ 检查车辆外观有无新的损伤，车上有无遗留物。

⑤ 当检查出问题时，记录并要求返工。

⑥ 当涉及转向、制动、悬挂系统等行车安全的维修项目和异响类的专项维修项目时，必须进行路试并填写试车记录。

⑦ 如返工将延长工期，则立即通知服务顾问。

⑧ 在"维修委托书"（施工单）上签字或盖质检章，按规定签发质检证。

⑨ 根据质量检验制度填写检验报告（大修车或质量事故），并立即上报。

（4）车辆清洗及停放

实施人员：洗车班组/质量检验员。

① 车辆经质量检验合格后，应对车辆内外进行必要的清洁，以保证车辆交付给客户时维修完成、内外整洁。

② 检查车辆是否清洁。

③ 将车辆停放在竣工区，车头朝出厂方向。

④ 立即通知服务顾问。

（5）交车前检验

实施人员：服务顾问。

① 检查洗车车辆的清洁程度。

② 恢复客户车辆原来的使用状态（座椅的位置、仪表显示等）。

③ 根据"维修委托书"（施工单）上的维修项目，逐一核对有无遗漏的维修项目（注意客户要求的额外修理项目是否完成）。

2. 质检时重点检验的内容

（1）服务顾问填写的维修项目（是否都完成）。

（2）维修技师填写的维修内容（完成了什么，为什么和如何修复故障）。

（3）被更换了的零件（是否更换）。

（4）车辆的清洁状况（注意经常忽略的部位）。

（5）必要时进行路试（根据维修项目确定）。

3. 质检时重点检验的车辆

原则上所有的车辆都必须进行质检，应优先并重点检验的车辆如下：

（1）返工、返修的车辆。

（2）客户抱怨的车辆。

（3）有关安全项目的维修。

（4）有关振动和噪声的维修。

（5）涉及外加工项目。

（6）大修/高费用车辆。

（7）维修技师说"没故障"的车辆（进一步确认）。

4. 准确记录、说明检验结果

（1）在"维修委托书"（施工单）上盖章或签名，证明已经实施了质检（法律依据）。

(2) 质检不合格时,签署意见,确定质检不合格的原因,并提供反馈意见。

(3) 必要时提供图解和质检报告。

(4) 重点车辆应由服务顾问和技术总监/质检员共同交车,向客户说明和解释。

5. 质量控制指标

根据质量管理制度控制质量控制指标,质量检验常用的指标如下:

(1) 故障诊断准确率:单位时间内,故障诊断结果准确车辆台数占总故障诊断车辆台数的比例。

(2) 一次性修复率:单位时间内,一次性修复(不返工、返修)车辆台数占总维修车辆台数的比例。

(3) 总检验率:单位时间内,质检员(总检)的车辆台数占总维修车辆台数的比例。

(4) 检验合格率:单位时间内,质检员(总检)的车辆合格台数占总维修车辆台数的比例。

(5) 返工率:单位时间内,内部返工(质检员或服务顾问出厂前检验)车辆不合格台数占总维修车辆台数的比例。

(6) 返修率:单位时间内,外部返修(出厂后)车辆台数占总维修车辆台数的比例。

(7) 维修质量投诉率:单位时间内,因维修质量问题引发投诉车辆台数占总维修车辆台数的比例。

(8) 其他相关指标:其他与维修质量相关的指标,如零部件质量等。

五、返工、返修的处理

1. 车辆返工、返修的区别

(1) 返工是指车辆经过质检员检验不合格后重新进行不合格项目的维修,因为车辆尚未交付给客户,所以又称厂内返修。

(2) 返修是指在质检中没有检查出不合格问题就交车了。但在保修期内,客户在使用中发现了此次维修过的项目出现了问题而返厂进行修理,这种返修不是客户的原因,而是上次维修不合格,只是未质检出来,因此称为厂外返修。

2. 车辆返工、返修处理流程

车辆返工、返修处理流程如图 2-5-7 所示。

3. 车辆返工、返修处理要点

车辆返工、返修处理的技术、费用、改善与预防处理方案要点如下。

(1) 技术处理方案

质量检验员给出返工原因及维修指导意见,一般由原班组进行重修。技术难度大的应对班组进行技术援助。

外部返修要高度重视,一般不由原班组进行重修,而是安排技术熟练或技术水平较高的班组或维修技师维修,技术上要进行援助。

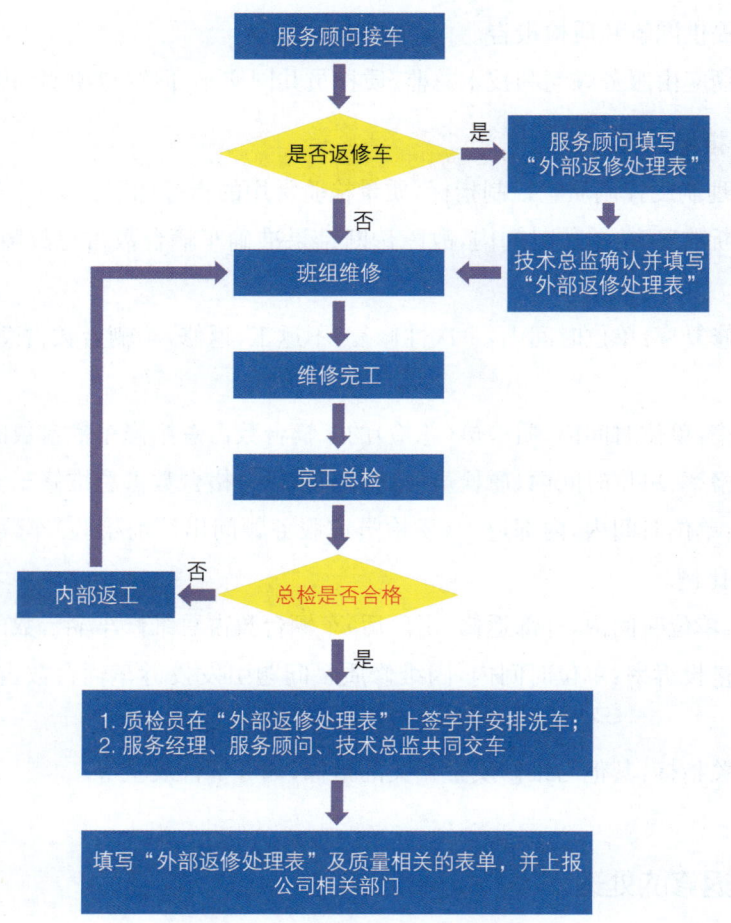

图 2-5-7　车辆返工、返修处理流程

（2）费用处理方案

返工不需要重开"维修委托书"，但在派工单上要注明，返工所发生的费用不能向客户收取，而应该另行处理。

返修一般客户会投诉到客服部门，因此返修可能会有投诉记录。返修的处理相当于重走一次服务流程，只是不收取客户任何费用，而且委托书上要加盖返修章，返修发生的费用也另行处理。

（3）改善与预防

要定期整理返工、返修的原因，并进行分析研究，组织班组学习，提升返工、返修方面相关的技术水平，避免类似问题再次发生。

4. 返修统计与分析

必须对车辆返修进行统计，并分析原因。返修统计涉及的单据和表格参照质量检验的表单。表 2-5-1 以"返修率比上个月高出 1 个百分点"为例，采用 PDCA 方法分析原因并解决问题。

表 2-5-1　降低返修率的 PDCA 分析表

阶段	步骤	内　　容
P 计划	找问题	返修率比上个月高出 1 个百分点
	找原因	工序之间缺乏检验；总检率不高；服务顾问的交车前检验没有做好；零件质量问题；疑难故障反复出现，没能修好
	找要因	通过对所有原因进行分析，发现：总检率不高造成返修率占 60%，疑难故障占 30%
	订计划	1. 将现在的总检率指标由 50% 提高到 70%，并加大考核权重，该项计划从下月执行，责任人为服务经理与质检员； 2. 对遇到的疑难问题组织会诊，并进行技术培训，每周五晚上车间维修技师参加，责任人为技术总监；疑难问题寻求厂商及兄弟单位帮助，本月底完成，责任人为服务经理
D 执行	执行	按计划严格执行，并报领导层获得相关援助
C 检查	检查	对执行过程进行跟踪检查，发现计划 2 中寻求兄弟单位帮助可行，但不是长远之计
A 改善	总结经验	对执行过程及结果进行总结，计划 1 确实有效，但计划 2 中的培训效果不是很好，原因是培训组织存在问题，大部分维修技师由于加班没有参加。问题转为下一个问题：解决加班问题！
	提出新的问题	车间培训存在问题，因为经常加班，要对这个问题引起重视。然后继续 PDCA 循环

六、质量检验管理制度

以下是质量检验环节相关的管理制度。

质量保证期制度

1. 根据国家相关法规，机动车维修实行竣工出厂质量保证期制度。质量保证期如下：

汽车和危险货物运输车辆整车修理或总成修理质量保证期为车辆行驶 20 000 公里或者 100 日；二级维护质量保证期为车辆行驶 5 000 公里或者 30 日；一级维护、小修及专项修理质量保证期为车辆行驶 2 000 公里或者 10 日。

2. 本公司实行汽车维修竣工出厂合格证制度（汽车小修和部分专项修理除外），维修质量不合格的车辆不准出厂。车辆维修竣工出厂时必须按竣工出厂技术条件进行检测并向客户（托修单位）提供由质量检验员（技术总监）签发的汽车维修竣工出厂合格证。

3. 在质量保证期内，属于本公司维修工艺或操作不当引起的车辆故障、损坏，本公司免工时费返修。

4. 客户自购配件，原则上不予安装及使用。对于特殊情况需要安装及使用的，本公司不承担质量保证责任，由此造成的任何车辆故障、损坏和事故，由客户自行负责。

5. 由于客户（托修单位）违反使用规定或驾驶员违反操作规程造成的车辆故障或损坏，不属于维修质量,经济责任由客户(托修单位)自负。

6. 客户(托修单位)与本公司发生维修质量纠纷时,汽车维修行业管理部门应负责组织技术分析和鉴定,并进行调解,所发生的检查、试验分析、鉴定等费用均由责任方承担。双方经调解仍有争议时,可向当地技术监督部门提出申诉或向法院起诉。

质量检验管理制度

根据国家监管部门法律法规,结合本公司实际,制定质量检验管理制度。

1. 本公司实行4级质量检验制度,即维修技师"自检/互检"、技术总监"过程检验"、质量检验员"竣工检验"(即"专检/总检")和服务顾问"交车前检验"。

2. 凡送修车辆或总成,均须经过本公司指定的质量检验员(技术总监兼任)进行技术检验,未经质量检验或检验不合格的维修车辆不得出厂。

3. 各级检验人员应确定检验结果(合格、不合格),同时在检验单据相关栏目签字。

4. 维修过程的"自检/互检"由主修技师和班组长及其他维修技师双层把关。在维修过程中,每完成一道工序,主修技师应按工艺规程和操作规范进行自检。全车维修完成时,班组长应安排维修技师进行互检。

"自检/互检"不合格的车辆,维修技师应及时返工,如果造成工期延误和维修费用,由相应责任人承担责任。

"互检"不合格的车辆,如果发生争议,应立即通知技术总监,由技术总监做出裁决,明确责任,及时进行返工。

5. 竣工车辆必须经技术总监进行全面质检,签署"合格"结论并签名后,才能移交前台进行交车。"竣工检验"出的不合格车辆应立即返工或追加项目,同时追究有关责任人的责任。技术总监(质量检验员)在技术质量把关方面有一票否决权,并承担责任。

6. 对于出厂后返修的车辆,如果有明显的维修缺陷,而质量检验员未能检验出来,应追究有关质量检验员的责任;如出厂后,由于维修缺陷造成经济损失的,由质量检验员及直接责任人承担,直至法律责任。

对于隐性缺陷和有关电子元件的缺陷,在检验过程中未能表现出故障的,视情节减少质量检验员的责任。

7. 因质量问题返修的车辆,应首先经过技术总监进行返修前检测,确认返修项目后,再安排人员进行返修。返修原则是由原班组进行,涉及技术问题可以更换维修班组。

8. "竣工检验"完成后,如果除维修项目以外还存在其他的问题,质量检验员应在检验单上注明以提醒客户。

9. 维修过程中,如果价格较高或有重要零部件需要更换时,主修技师及班组长应请技术总监到场进行技术分析,并决定是否更换。技术总监对价格较高或重要零部件的更换拥有决定权,并负有直接责任。

10. 凡维修作业中出现漏项、维修质量不合格、违章作业、延误工期等情况时,均由技术总监记录在检验单上,当事人员和班组应承担相应责任。

质量事故处理制度

1. 发生质量事故时,技术总监应及时成立包括前台、客服、维修班组成员在内的事故处理小组,认真分析事故的原因,制定出合理的维修范围,并及时安排返工维修。

2. 质量事故包括但不限于维修项目漏项,施工操作、配件质量问题,已经或可能造成人身伤害、车辆损坏等内容。

3. 事故处理小组应确定相应的事故责任人,根据事故损失及不良影响程度,填写"外部返修表"作为事故的处理报告,处罚责任人并警示其他员工。

4. 质量事故责任人要向车主道歉,并根据事故处理报告赔偿相应的经济损失。公司同时根据处罚制度给予事故责任人一定的行政处分及经济处罚。受处罚的当事人如有不服,可以在5日内向人事行政部门提出申诉。人事行政部门在5日内代表公司做出最后处理意见。

5. 如果部门当月出现3起质量事故,则部门主管负有连带责任,同样也要受到处罚。若部门主管隐瞒事实、弄虚作假、故意包庇质量问题当事人,则对部门主管和质量问题当事人均予以加倍处罚。

6. 质量事故除了赔偿损失外,还应根据情节处以50~200元的罚款。所有赔偿及处罚金3个工作日内上交公司财务部门。

七、质量检验思考、讨论及模拟演练

根据以下情境,结合场地、人员及其他条件,进行思考、讨论及模拟演练。

情境一: 返修处理案例研讨。

客户李小姐的奥迪A4L半个月前到厂更换机油,今天行驶中听到前轮有响声,到店检查发现刹车片磨损到极限了,要求返修。

请问您如何处理?

情境二: 质量控制经验分享。

讨论提高维修质量、降低返工/返修率的措施。

单元六　交车准备流程

一、交车准备的作用

车间的质量检验完成后,将清洗干净的车辆停放在竣工工位,接下来服务顾问就要进行交车准备工作。

正确的交车准备能保证顺利、有效地完成交车服务,是提升客户满意度的重要环节。

二、交车准备的流程

交车准备的流程如图 2-6-1 所示。

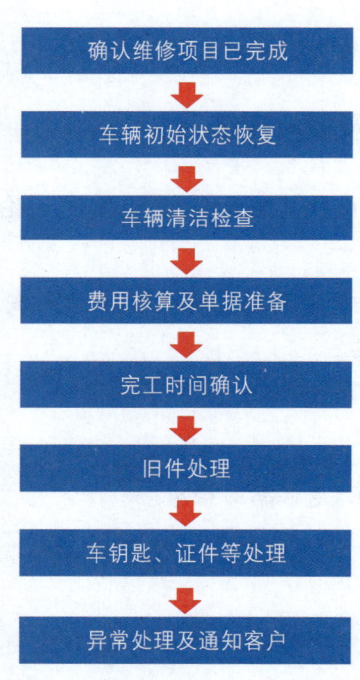

图 2-6-1　交车准备流程

三、交车准备的要点

交车准备环节中应注意以下要点:

(1) 根据维修委托书上的维修项目,逐一核对有无遗漏的维修项目(注意额外修理的项目),故障是否完全排除,各检验环节是否有责任人签字。

(2) 恢复客户车辆原来的使用状态(座椅位置、后视镜位置、仪表资讯区显示等)。

(3) 对完成清洗的车辆检查其清洁程度(雨刮、倒车镜、保险杠、电动车窗、脚踏板、烟灰缸等位置)。

(4) 汇总核算车辆的全部维修单据(要提前收取车间与配件部门的全部有关单据),确认工时费、配件材料数量及费用是否与估算相符,打印结算单。

(5) 完工时间是否与预计相符。

(6) 旧件是否按照客户意见进行处理(准备交客户查看或带走)。

(7) 车钥匙及证件、单据、合格证、保养提示帖等。

(8) 如检查不合格,则应立即处理或准备解释话术,合格后通知客户取车。

四、交车准备思考、讨论及模拟演练

根据以下情境,结合场地、人员及其他条件,进行思考、讨论及模拟演练。

情境: 涉及工作量较大返工的准备,如交车前发生意外事故,如何处理?

客户李小姐的奥迪 A4L 上午在修理厂做完制动系统保养后,质检员试车时在厂外发生交通事故,车辆撞到路边防护栏,没有人员伤亡,但前保险杠及左前翼子板损坏严重。下午就是约定的交车时间。

请您确定处理方案。

单元七　交车结算流程

一、交车结算的作用

交车准备完成后,服务顾问应邀请客户一同验车,向客户展示保养或维修效果,同时向客户解释保养或维修的项目与费用,获得客户确认签字,陪同客户到收银台结账开票,并提醒客户用车注意事项与下次保养,告知回访时间,推广预约,目送客户离开。

交车结算的作用：

（1）将已经保养、修复的车辆交还客户。这是服务顾问最后一次与客户接触的机会,应再次建立信任感。

（2）展示保养、维修服务效果。客户取车时,期望值是最高的,服务顾问应利用交车结算环节满足甚至超越客户的期望。

（3）说明并确认跟踪回访的时间和方式,为客户回访做准备。

（4）引导结账。做到清楚明了,让客户觉得物有所值。

二、交车结算的方式

1. 被动式交车结算

客户直接到收银台付款,然后拿着车钥匙和结算单、发票等自己默默地去寻找自己的车。很显然,"被动式交车结算"是不应该出现的情况。

2. 主动式交车结算

服务顾问在交车前已做好了准备工作,并等待客户的到来,向客户展示门店的服务,解释门店的人员做了什么,为什么要花这些钱,并回答客户提出的问题。在适当的时机以"全车安全检查表"来宣传门店提供的额外免费服务。

图 2-7-1 是主动交车结算的主要环节。

图 2-7-1　主动交车结算的主要环节

三、交车结算的方式

如图 2-7-2 所示，交车结算的流程分为交车流程和结算流程。

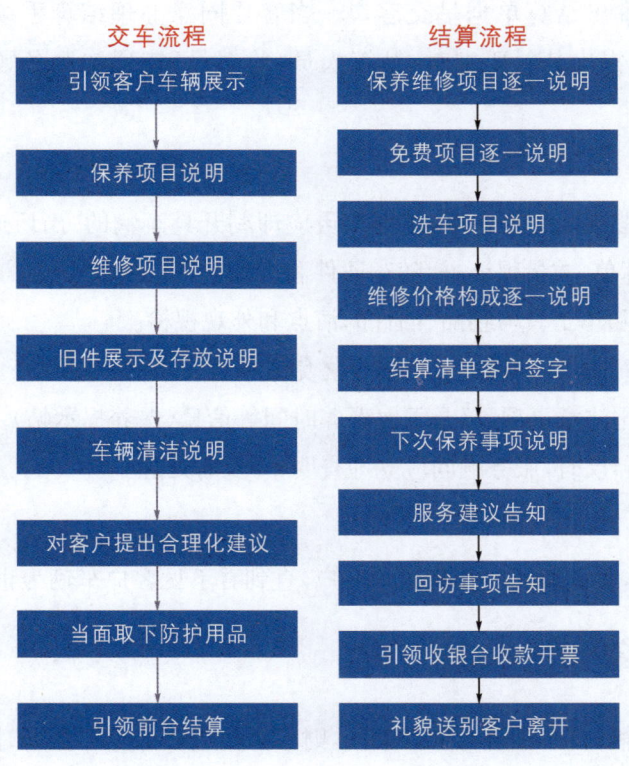

图 2-7-2　交车结算流程

四、交车结算的要点

以下是交车结算环节需要注意的要点。

1. 交车的原则

"谁接车谁交车"，特殊情况应做好工作移交手续。

2. 通知客户提车

准备工作就绪后，应及时通知客户前来提车。如不能按期交车，要说明延误的原因并表示歉意，争取客户的谅解。

3. 情况介绍

客户提车时，应简要介绍车辆的维修情况，指示或引领客户办理结算手续。

4. 取车凭证

"维修委托书"的客户联是唯一的取车凭证。

5. 结算

客户来到结算台时,结算人员(收银员)应主动礼貌地与客户打招呼,并示意客户在结算台前落座,同时迅速拿出结算单据呈交客户。当客户同意办理结算手续时,应迅速办理;当客户再次要求打折或提出其他要求时,结算人员(收银员)应通知服务顾问或部门经理及时处理。

6. 交验车辆

(1) 单据及物品移交。结算完毕,结算人员应即刻开具车辆的"出厂通知单"(出门条),连同该车的维修单、结算单、质量保证书、随车证件和车钥匙等一并交到客户手中,然后由服务顾问引领客户到车场做随车工具与物品、旧件的清点和外观视检。

(2) 在车旁应再简述门店所做的工作,告之免费帮客户做的一些项目。

(3) 提醒车辆使用注意事项,以及下次保养时间等信息(保养提示帖)。

(4) 若客户提出异议时,服务顾问应立即查明,并及时处理。

7. 送别客户

车辆交验完成后,服务顾问应礼貌送别客户,直到看不见客户车辆为止。

8. 收银员注意事项说明

(1) 信用核查

维修费用高的车辆,在车辆进行维修期间,财务人员应在客户不在场时对客户做信用查核,如有信用异常情况,在结算前就应拟妥对策,事先做好把关以免造成呆账。

(2) 结算单及收费

应做到快速而且清晰。结算单打印需清晰完整,让客户对本次维修项目一目了然。结算单对车辆的售后服务来说是非常重要的依据,财务人员也需要妥善保管,以备后期进行查询。

(3) 收银员礼仪

站立,唱收唱付,支付方式,双手递交发票和零钱。

(4) 满意度确认

在收银完成后,收银员做的额外工作是顺便进行客户满意度的确认。

9. 交车时容易出现的问题

(1) 没有为客户解释已做好的工作或回答客户的疑问(收银只负责解释收费的数目,不能解释收费的理由与客户所维修的所有项目)。

(2) 客户车辆已维修完毕,停至竣工区,无人主动通知客户结算。

(3) 交车结算时体现不出对客户的重视。

(4) 给某位客户交车结算时,遇到老客户来临,服务顾问丢下他/她去接待老客户去了。

(5) 其他服务不周的情况。

五、交车结算思考、讨论及模拟演练

根据以下情境,结合场地、人员及其他条件,进行思考、讨论及模拟演练。

情境: 服务顾问陪同客户验车时,客户发现瑕疵或提出其他额外要求时,如何处理?

客户李小姐的奥迪 A4L 做完左前翼子板油漆后,服务顾问陪同验车。这位客户是个非常细心的人,她看出来新做的油漆有色差,但不是非常明显,漆面也有部分"桔皮"的现象,因此有些不满。

作为当事的服务顾问,请问您如何解决?

单元八　跟踪回访流程

一、跟踪回访的作用和形式

1. 跟踪回访的作用

为了获取客户的真实的意见，为管理层提供真实的数据，各汽车品牌厂家以及服务商都要求对已经服务过客户的意见进行收集、统计、分析。客户离店后，客服人员应在3天(72小时)内对客户进行跟踪回访。

跟踪回访是汽车售后服务流程的最后环节。回访可以由服务顾问完成，但为了获取更加真实的信息，一般由独立的客户关系管理部门(客服中心)或专/兼职客服专员完成。

跟踪回访的作用：

（1）询问客户对本次服务的满意程度。如果有抱怨或投诉，第一时间进行处理，超出权限及时上报主管领导，将客户所反馈问题记录、分析和保存，制定改善措施，预防问题再次出现。

（2）了解客户车辆使用情况，告之客户有关驾驶与保养的知识或有针对性地提出合理使用的建议。

（3）感谢客户的光临，体现门店对客户及车辆关怀和重视。

（4）提醒下次车辆保养的时间。

（5）介绍门店新增服务及内容、免费或优惠服务的计划和要求等；发现新的服务机会，进行新的服务预约。

（6）完成从预约到回访的闭环服务作业。

提示　★回访的重要作用是在不满意的客户流失前采取补救措施。

2. 跟踪回访的形式

跟踪回访根据不同需求类型采用不同的形式：

（1）电话回访。

（2）在线回访(短信、微信、电子邮件等)。

（3）信函(问卷)回访。

回访形式以电话回访为主。

图 2-8-1 是跟踪回访(跟踪服务)的形式。

二、跟踪回访的流程

跟踪回访的流程如图 2-8-2 所示。

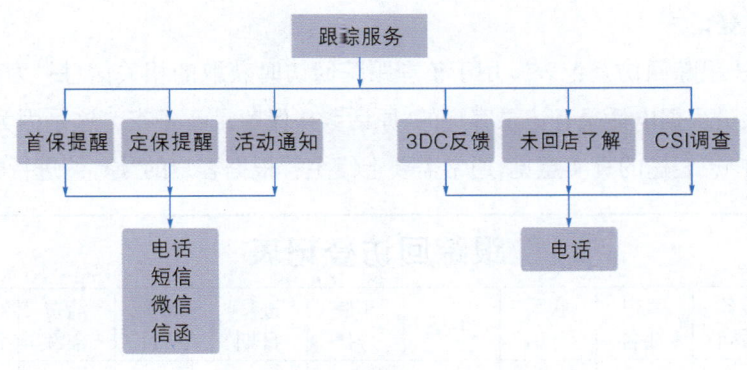

图 2-8-1　跟踪回访(跟踪服务)的形式

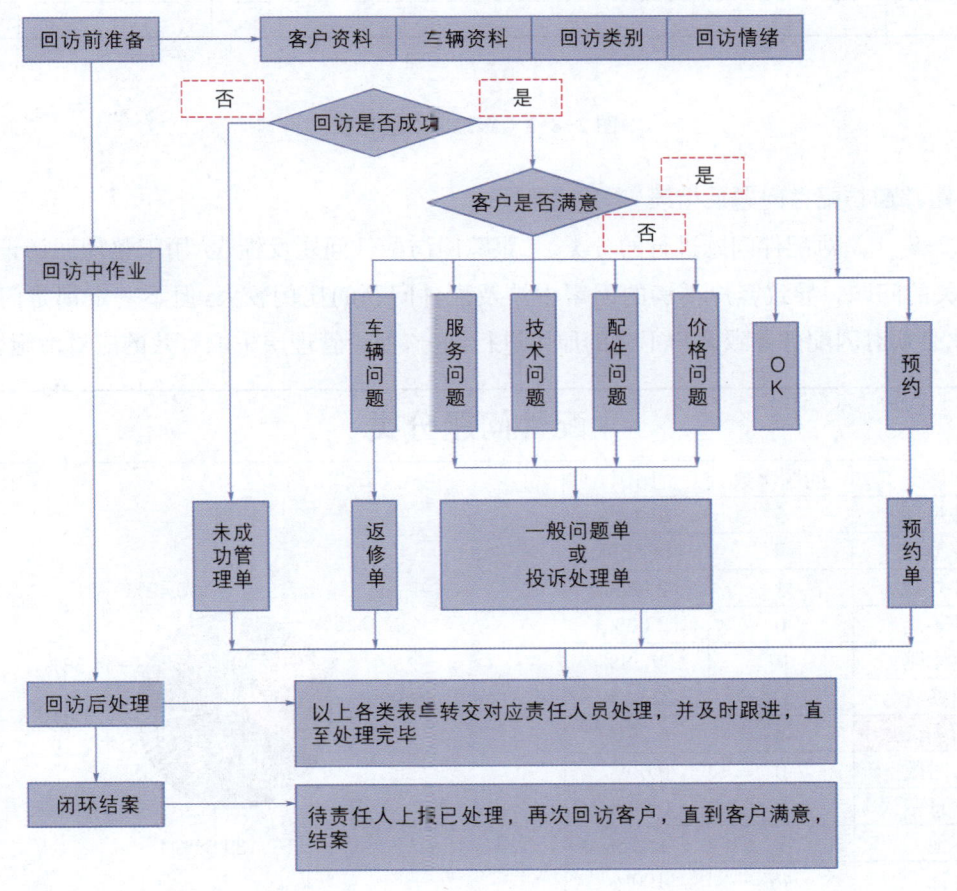

图 2-8-2　跟踪回访流程

三、跟踪回访的表单

以下是跟踪回访涉及的表单。

1. 跟踪回访登记表

图 2-8-3 是"跟踪回访登记表",用于整理跟踪回访时获取的相关信息。为获取客户真实的意见,要求客服人员根据电话录音记录客户的"原话",并保留录音备查。这是因为,客服人员不一定能准确判断客户想表达的真实意见,通常需要上级主管根据客户的"原话"进行分析。

跟踪回访登记表

序号	回访日期	服务顾问	客户姓名	联系电话	车型	车牌号码	进厂日期	消费项目	消费金额	客户满意度	通话记录
1											
2											
3											
4											
5											

图 2-8-3 跟踪回访登记表

2. 跟踪回访配件问题反馈表

图 2-8-4 是对配件问题进行的分类。"跟踪回访配件问题反馈表"用于整理回访记录中与配件相关的问题。导致客户不满的因素中涉及配件问题的比例较大,但不一定都是门店的原因,因此必须对因配件导致客户不满的原因进行细分,便于管理层采取有效的应对措施。

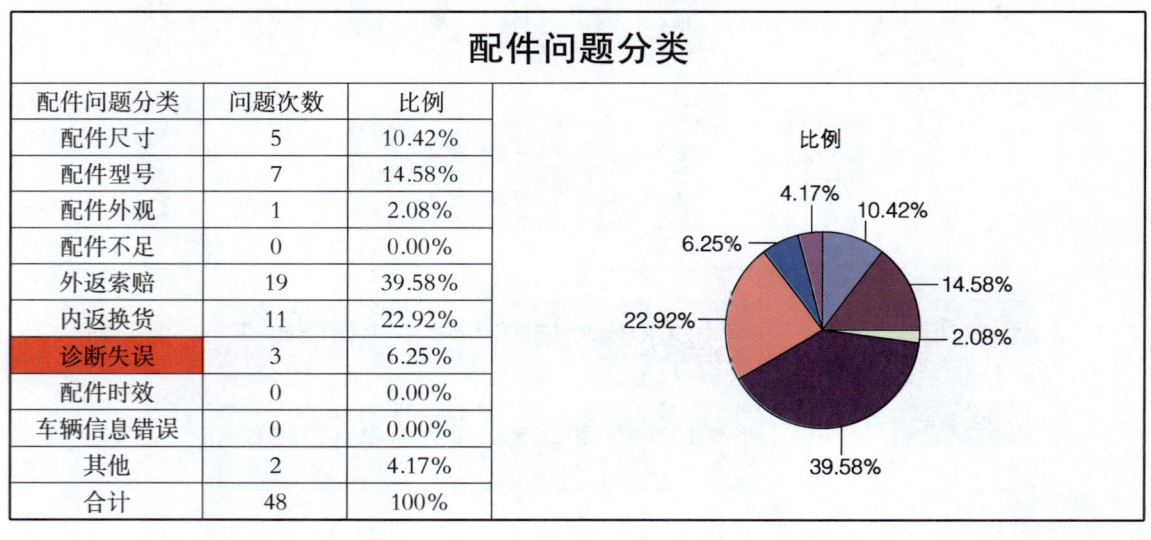

图 2-8-4 配件问题分类

3. 客户投诉处理表

图 2-8-5 是"客户投诉处理表",用于跟踪回访或其他渠道接到客户投诉事件的处理。"客户投诉处理表"由回访的客服人员负责填写,并提交客户服务中心主管或有处理权限的负责人进行处理。

客户投诉处理表									
编号	车牌号码		车型	客户姓名	联系电话	维修时间	主修人	回访时间	服务顾问
投诉类别 □电话回访 □现场投诉 □现场事故 □意见簿(箱)及网络										
问题解决过程	原因分析								
	外部及内部处理过程及措施	外部处理过程： 内部处理措施：□早会检讨通报　□经济处罚　□停职　□辞退　□其他 具体处理情况： 处理依据：							
		责任部门主管签字：					责任人签字：		

图 2-8-5　客户投诉处理表

4. 回访未成功管理表

图 2-8-6 是"客户回访未成功管理表"，用于回访中遇到回访不成功的处理，包括客户资料修正等。

客户回访未成功管理表										
序号	回访日期	车牌号码	车型	客户姓名	问题电话号码	问题原因	反馈人员	处理人员	正确电话号码	备注
1										
2										
3										
4										
5										
6										
7										
8										
9										
10										
11										
12										
13										
14										
15										
16										
17										

图 2-8-6　客户回访未成功管理表

四、跟踪回访的要点

以下是跟踪回访环节的要点。

1. 回访前的准备

回访客户之前要有一定的准备,访问要有针对性,不能漫无边际,脱离主题。回访客户时不仅要告知门店的意图,还要善于在交谈中了解客户需求和市场信息,发现潜在的业务资源和开发重点。

(1) 资料的准备

① 根据客户档案的相关资料,确认回访的时间与日期,目前是否是最佳联络时间。电话回访的时间要短,内容要明确、精练。

② 从维修管理系统中导出当日维修工单。先阅读所有维修工单内容并查看客户的需求和施工内容。

③ 客户的信息记录及历史回访记录。

④ 回访类别的确认,做好对应的回访话术准备。

⑤ 便签纸和笔。

⑥ "重大投诉记录表"。

(2) 回访心态准备

① 面带微笑,坐姿端正。

② 态度热情、有礼、亲切。

③ 声音柔和、语速适中、发音标准、吐字清晰。

④ 应对客户的不满或发怒,做好抗压准备,并会调节解压。

2. 回访中的工作

(1) 因电话问题回访未成功,可填写"回访未成功管理表",并交服务顾问进行核实并修正客户资料。

(2) 回访成功,且客户满意,表示适当关心后即可结案,若客户预约其他服务,可按"预约登记表"登记。

(3) 回访成功,但客户不满意。

① 若是对车辆维修质量有不满,应立即向客户致歉安抚,并为客户确定进店再次检查的时间,填写"跟踪回访登记表"和"维修处理表"。对客户的问题或要求必须做出明确答复。如果不能当场答复的,必须限期答复。

② 若是非质量问题,如服务态度、价格、配件等问题导致,则填写"跟踪回访登记表",并且提交对应人员或相关领导处理。

③ 若是客户投诉,应引起重视,填写"客户投诉处理表",并转呈领导及时处理。

3. 回访后处理

（1）针对回访过程中出现的表单，按不同的类别进行及时处理与跟进，并转交相关部门人员，事态严重的必须上报领导妥善处理，并跟踪结果备案。

（2）在维修质量保证期内，客户车辆因维修质量发生故障和提前损坏的，前台（业务部门）和维修部门应优先安排其返修。

（3）如果在维修质量方面发生争议，应本着"实事求是、先内后外（即先在内部，然后再从外部查找原因）"原则，积极妥善解决。

4. 闭环结案

整个服务完成后，服务顾问应进行业务统计。

（1）服务顾问应按规定时间完成当日的报表填报，做到准确、完整，不得估计、漏项。

（2）接待前台应在周、月、季、年等时间节点结束后，及时对维修车辆的数量、类别、项目、收入及欠收等内容进行分类统计，及时做出业务统计分析报告，并按时提供给其他相关部门和公司领导，以便各级管理部门进行有效的分析决策。

（3）业务统计参考表格包括：进厂维修单、维修追加项目单、维修估价单、维修预约单、维修结算单、汽车维修检测诊断报告单、维修竣工出厂通知单、售后服务卡、客户电话记录表、客户来访登记表、客户来信登记表、客户预约维修登记表、客户档案资料表、客户随车物品清单、业务统计表（周、月、季、年）、行业市场情况调查表、业务统计分析报告等。

（4）对于客户不满意甚至投诉的回访结果，待对应责任人处理完毕后，应再次回访客户，了解处理后的客户满意度，直至或尽量让客户满意结案。

五、跟踪回访的检查与分析

1. 回访的要求

（1）回访时间要求。

上午10：00—12：00；下午14：30—17：30。

节假日后第一天（如周一）上午不回访；前一天（如周五）下午不回访。

（2）回访各步骤重点要求。

① 准备：维修委托书和客户资料。

② 确认：接电话的是否是要找的人。

③ 询问：客户是否方便交谈，一定要在客户自愿和方便的前提下进行。

④ 解释：电话的目的（确认满意度调查而非推销）。

⑤ 倾听：倾听客户的建议。

⑥ 致谢：感谢客户的时间。

（3）回访使用统一表格，制定标准回访模版。

（4）按照要求填写回访报表。

(5) 回访率要达到100%。

(6) 回访客户满意度不低于95%(行业参考数据)。

(7) 每日、每周、每月进行回访结果统计分析,并将数据交由各部门进行学习整改。

(8) 回访语音的要求。

客户回访中,客服专员的语音要求:

① 保持喜悦的心情;

② 保持端正的姿态;

③ 保持热情度,带笑的声音,杜绝不耐烦的语气;

④ 音调要自然;

⑤ 音量适中不宜过大;

⑥ 语速不能太快或太慢;

⑦ 发音要标准,吐词要清晰。

(9) 避免电话交流中容易犯的错误。

电话交流中容易犯的错误举例:

① 通话开始时:

A. 一听到抱怨就无回音。

B. 忘记介绍自己。

② 通话过程中:

A. 因客户情绪激动,言语激烈,不给对方回应。

B. 自己的心情受到客户影响,导致思维混乱、说错话。

③ 通话结束时:

A. 那就这样……拜拜。

B. 你去找他吧。

(10) 回访人员要学会缓解压力和调整自己的心情,避免因为个人原因影响回访工作。

2. 回访中客户抱怨类型

以下是回访中客户抱怨的类型。

(1) 问候和礼貌

受到员工不礼貌的对待。

(2) 保养、维修质量

不满意保养、维修质量。

(3) 价格

实际价格超出报价或对价格的怀疑。

(4) 时间

不能按时交车。

(5) 清洁

交付的车辆清洁状态不好。

(6) 交车服务

不满意服务顾问对施工情况的说明。

(7) 其他

不满意专用设施、休息室、代用车等。

3. 回访质量监控

鉴于客户回访工作的重要性，客服经理及主管领导必须对回访质量进行检查监控，保证回访数据的真实性。客户回访质量监控内容及方法见表2-8-1。

表2-8-1 客户回访质量监控内容及方法

序号	监控项目	监控内容	监控办法
1	电话内容监控	回访结果评定是否属实	每日抽查各个回访座席人员的录音，与当日的电话回访明细表进行核对
		问卷内容填写是否与客户表述的一致	
2	问卷质量监控	是否按照既定的回访问卷询问，有无遗漏	
3	总体满意度监控	是否符合既定的满意度评定标准	
4	误操作监控	推荐联系人(客户)是否有漏选以及没有填写新推荐的情况	通过电话回访明细表与联系人进行核对
5	回访话术	是否亲切、沟通到位、符合关怀要求	听录音

4. 回访进度控制

主要从定量、定时和看板式管理进行规范管理。

(1) 定量：根据回访内容测算单个回访时间，再根据员工每天工作时间安排人均回访工作量。例如，问卷简单、问题只有1～2个的回访任务，每天每人成功回访可不少于50个。

(2) 定时：根据问卷长度和客户特点确定适宜的回访时间。

(3) 看板：可以使用看板形式展示，见表2-8-2。

表2-8-2 回访看板

回访项目	取样时间	责任人	交样时间	责任人	实施	提供结果	责任人	交付品	审核人
质量满意度调查									
客户投诉请求									

5. 回访率分析

回访率分析指实施电话回访过程中，对电话接通情况和客户档案准确性进行的分析。分析指标包括电话接通率、客户档案准确率等，如电话无人接听，号码错误，客户原因等，目的是保证客户档案准确性。

(1) 电话接通率指成功联系客户的数量占外呼总数的比例。

电话接通率 = 接通数量÷外呼总数×100%

(2) 客户档案准确率指电话打通后客户档案信息准确的占比。

客户档案准确率 = 客户信息准确数量÷接通数量×100%

(3) 客户满意率指客户满意人数占成功回访总人数的比例。

客户满意率 = 客户满意数量÷成功回访总数×100%

6. 客户信息准确判断标准和处理办法

客户信息准确判断标准和处理办法，见表2-8-3。

表2-8-3 客户信息准确判断标准和处理办法

序号	电话拨打的情况	判断类型	处理方法
1	语音提示为空号 电话接通以后，机主表示没有进店 语音提示停机	电话不准确	放弃拨打，重新核实资料
2	电话接通以后，客户明确表示拒绝回访 语音提示关机 语音提示占线 电话接通以后无人接听 语音提示无法接通	无法确定	选择不同时间段重复拨打3次再判断是否准确
3	电话接通后，客户表示目前没空	电话准确	根据客户时间确定再回访
4	电话接通后，客户不是登记车主本人，但符合档案的其他信息（地址、车型等）	电话准确	进一步联系

六、跟踪回访思考、讨论及模拟演练

根据以下情境，结合场地、人员及其他条件，进行思考、讨论及模拟演练。

情境一：讨论您的企业客户跟踪回访存在哪些问题，如何解决？

提示：

(1) 客户档案错误/不完整：车型、客户姓名、电话。

(2) 服务顾问回访：虚假数据，无法反馈真实情况。

(3) 行政/其他回访：本职工作繁忙容易应付了事，对行业不了解，无法引导客户，获取真实信息。

(4) 专职回访：成本高，缺乏专业汇总数据。

解决方法参考：

(1) 交叉回访：没有专职人员时，服务顾问交叉回访，主管抽查。

(2) 话术及技巧培训：话术、回访时间。

(3) 回访统计报表、电话录音及整理：类型统计分析、内容真实有效。

情境二： 分角色模拟回访流程，可自行设计情节。

客户李小姐的奥迪A4L出厂2天了，维修项目是更换机油及滤清器，并因为方向跑偏做了四轮定位。

请您完成跟踪回访。

模块三

汽车维修企业配件管理流程

本模块介绍汽车维修企业配件管理流程,包括以下两个单元:

单元一　汽车配件基本知识;

单元二　汽车维修企业配件仓储与管理流程。

通过本模块的学习,掌握汽车配件的分类、配件市场的状况、配件的查询、配件的质量鉴定,以及汽车维修企业配件仓储及配件管理流程的内容和要点

单元一　汽车配件基本知识

准确、及时、保质保量提供维修所需要的配件是优质服务的基础;保持既满足维修需求而又不过高的库存量是提高企业运作效率的关键之一。

一、汽车配件的分类

汽车配件是组成汽车各个部分的基本单元,一辆汽车由成千上万个配件组成。从生产制造环节的角度,配件也称为零部件。

汽车配件根据结构及作用分为以下类别。

1. 零件

零件是汽车的基本制造单元,它是不可再拆卸的整体,如活塞、活塞销、气门、气门导管等。

2. 合件

由两个及以上的零件组装,起着单一零件作用的组合体称为合件,如带盖的连杆、成对的轴瓦、带气阀导管的缸盖等。合件名称以其中的主要零件而定名,如带盖的连杆,定名为连杆。

3. 组合件

由几个零件或合件组装,但不能单独完成某一机构作用的组合体称为组合件,如离合器压盘及盖、变速器盖等。有时也将组合件称为半总成件。

4. 总成件

由若干零件、合件、组合件装成一体,能单独起着某一机构作用的组合体称为总成件,简称总成,如发动机总成、离合器总成、变速器总成等。

5. 车身覆盖件

由板材冲压、焊接成型,并覆盖汽车车身的零件称为车身覆盖件,如散热器罩、翼子板、机舱盖等。

二、汽车配件市场状况

如图 3-1-1 所示,汽车配件市场分为售前市场和售后市场。

1. 售前市场

一般情况下,汽车整车制造厂(主机厂)自己生产的零部件(配件)数量只占 5%～7%,其余的都是委托给其他零部件生产厂家以 OEM/ODM 等方式生产(图 3-1-2)。

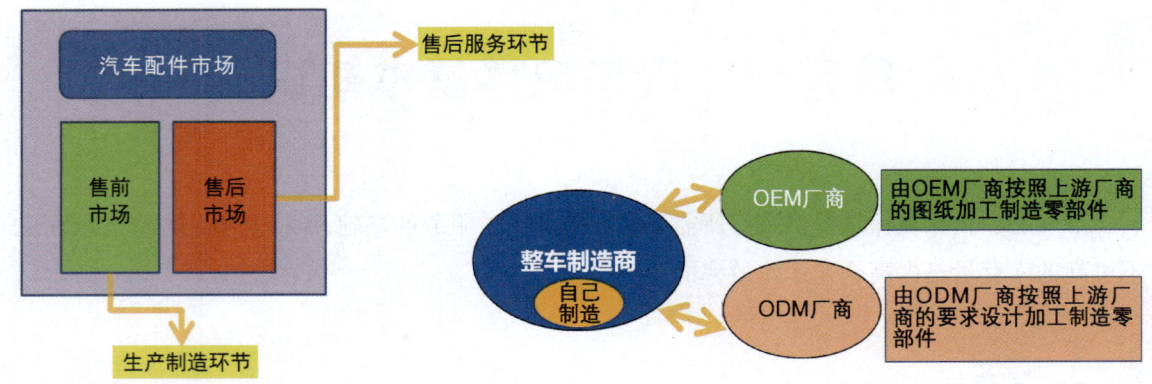

图 3-1-1　汽车配件市场组成　　　图 3-1-2　汽车零部件生产方式

OEM(Original Entrusted Manufacture)的中文意思是"原始委托生产",基本含义是定牌生产合作,俗称代工。OEM 产品是为品牌厂商度身订造的,生产后也只能使用该品牌名称,绝对不能冠以生产者自己的名称再进行生产。

ODM(Original Design Manufacturer)的中文意思是"原始设计制造商",是一家厂商根据另一家厂商的规格和要求,设计和生产产品。受委托方拥有设计能力和技术水平,基于授权合同生产产品。某制造商设计出某产品后,在某些情况下可能会被另外一些企业看中,要求配上后者的品牌名称来进行生产,或者稍微修改一下设计后生产。其中,承接设计制造业务的制造商被称为 ODM 厂商,其生产出来的产品就是 ODM 产品。

OEM/ODM 是全球经济一体化产业分工日趋细化的产物。它能为企业加大其拥有资源在创新能力方面的配置,尽可能地减少在固定资产方面的投入。企业在掌握产品核心技术和建立了成熟的营销网络后,可不再直接投资进行生产,而是以通过让其他企业代为生产的方式来完成其产品的生产任务。这样,只需支付材料成本费和加工费,而不必承担设备折旧、自建工厂和生产管理的风险,还可随时根据市场变化灵活的按需下单。由此可促进成品业务形成新的经营优势,培养和壮大企业内在的扩张力,提高经营能力和管理水平,从而走向更高层次的资本运营。

2. 售后市场

图 3-1-3 是汽车售后市场配件流通示意图。

汽车配件生产厂家的产品进入汽车售后市场有两个渠道:一是成为汽车制造厂的 OES 配套厂家,产品成为 OE 件(正厂件)经整车制造厂的 OES 渠道,或成为配套厂通过自有的渠道流通到售后市场;二是成为独立的配件品牌供应商,成为 AM(副厂件/品牌件)流通到售后市场。

OES(Original Equipment Supplier)是指原厂设备供应商。

OES 和上述的 OEM 厂家可以是同一家,也可以不同。也就是说,汽车整车制造厂生产线"装车"的配件,可能与售后服务的"正厂件"可能是同一个厂家,也可能是不同的厂家。

AM(Auto after Market)的中文意思是"汽车后市场",是指汽车销售后的售后服务及其他

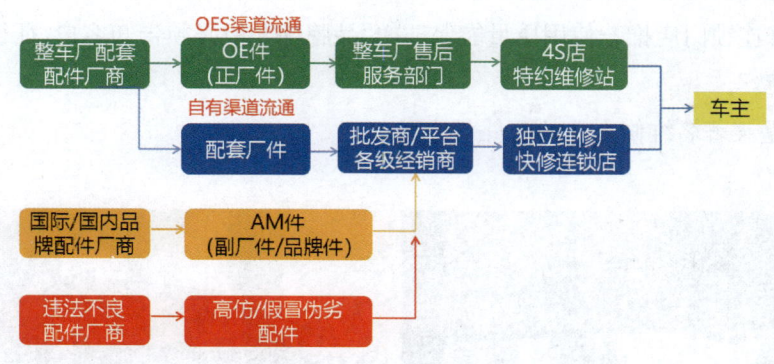

图 3-1-3　汽车售后市场配件流通示意图

相关领域的市场。

(1) 正厂件和 OE 件

正厂件,也称原厂件,是指由汽车制造厂家授权委托厂商生产的配件,这些配件可以打上整车制造厂的品牌标志,并在整车厂服务渠道 OES 供应。上游厂商负责设计、研发、控制销售渠道。

(2) 配套厂件

为汽车整车制造厂配套的各种类型配件厂家,有些在合约期限到期或与汽车整车厂另有约定的情况下,会生产同类的配件作为售后服务用途,通过自己的流通渠道进行销售。但这些配件不能采用汽车制造厂的商标,只能采用配件厂家自己的商标和包装。

(3) 副厂件/品牌件/同质配件

根据《机动车维修管理规定》(2005 年交通部 7 号令),不得使用假冒伪劣配件,但可以使用"副厂件"。"副厂件"是指非汽车整车制造厂家授权的配件厂家生产的配件产品,按照国家和行业标准生产。"副厂件"标有自己的厂名及品牌商标,因此现在行业内也称为"品牌件"。

同质配件是根据 2015 年国家十部委发布的《关于汽修业转型升级提升服务质量的指导意见》给出的定义,是质量不低于原厂装车配件的售后服务配件。

(4) 仿冒伪劣配件

不法厂家生产的冒充原厂或著名品牌,质量低劣的假冒配件。

3. 售后配件市场存在的问题及应对

汽车售后配件市场存在以下问题:

(1) 现行的配件分类不利于行业竞争和管理。例如,"原厂""正厂""OE"配件的概念被故意混淆;"同质配件"质量品质鉴定标准和渠道不明确。

(2) 汽车整车制造厂控制原厂配件流通渠道,导致价格偏高,采购困难。

(3) 市场中配件质量参差不齐,非专业人员难以识别。

(4) 配件流通环节过长,供应时效慢,成本高。

除了假冒伪劣的配件外,其他配件都允许采用。出于成本和采购渠道考虑,一般独立综合维修企业及快修连锁门店推荐使用质量能保证的"品牌件",但必须告知客户,征得客户同意,提倡"明明白白消费"。

图 3-1-4 是某著名维修企业的配件对比展示。

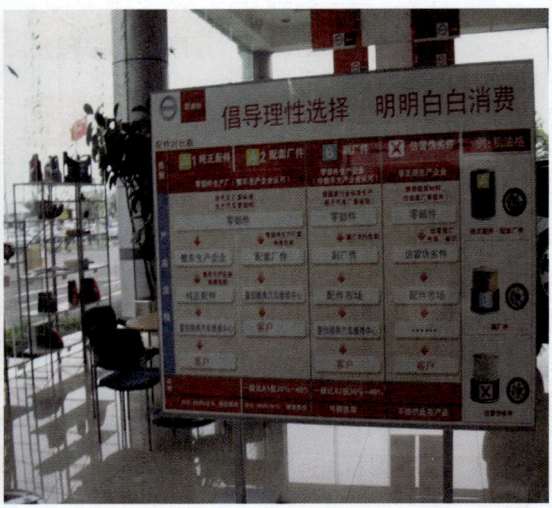

图 3-1-4 配件对比展示

三、汽车配件的查询

汽车配件可以利用配件查询/管理系统(图 3-1-5)进行查询。

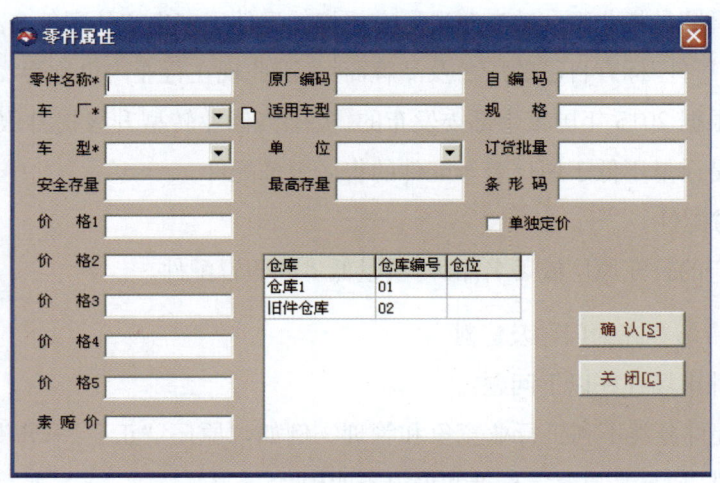

图 3-1-5 配件查询/管理系统

通过车架号(VIN码)确定车辆类型,然后查询这辆车各个级别的配件目录。通常大部分车辆是有二级目录的,部分厂家,比如日产有三级目录,沃尔沃有四级目录。通过配件目录一级一级查询,最后就能找到对应的配件详情。

OE(Original Equipment)是配件的统一代号,一般由生产商制定。汽配批发商、代理商、经销商、汽修厂、配件使用者,都可以通过OE配件号,快速定位到具体的配件。

每个OE厂商都有不同的编号规则。比如,F1DU-10300-AD是福特的编号;0-124-325-003是博世的编号;10479923是德科雷米的编号。每个OE编号对应唯一的产品,但同一个产品,因为装配在不同的车型上,可能有几个不同的OE编号。

四、汽车配件质量鉴别

汽车配件涉及的车型多,品种规格复杂,仅一种车型的配件品种就不下数千种,汽车维修企业和配件经营企业一般没有完备的检测手段,但只要熟悉汽车结构以及制造工艺和材质等方面的知识,正确运用检验标准,凭借积累的经验和一些简单的检测方法,也能识别配件的优劣。以下介绍一些常用的方法,以供参考。这些方法归纳为"五看"和"四法"。

1. "五看"

(1) 一看商标

认真查看商标,上面的厂名、厂址、等级和防伪标记是否真实。因为对仿冒制假者来说,制作防伪标志不是一件容易的事,需要一笔不小的费用。

另外在商品制造上,正规的厂商在零配件表面有明显的硬印和化学印记,注明了零件的编号、型号、出厂日期,一般采用自动打印,字母排列整齐,字迹清楚,小厂和小作坊一般是做不到的。

图3-1-6是正规配件的商标。

图3-1-6 正规配件的商标

(2) 二看包装

汽车零配件互换性很强,精度很高,为了能较长时间存放,不变质,不锈蚀,需在产品出厂前用低度酸性油脂涂抹。正规的生产厂家,对包装盒的要求十分严格,要求无酸性物质,不产生化学反应,有的采用硬型透明塑料抽真空包装。考究的包装能提高产品的附加值和身价,箱、盒大都采用防伪标记,常用的有镭射纸、条码、暗印等。在采购配件时,关注这些信息非常重要。

图 3-1-7 是正规配件的外观及包装。

（3）三看文件资料

首先要查看汽车配件的产品说明书。产品说明书是生产厂进一步向用户宣传产品,为用户做某些提示,帮助用户正确使用产品的资料。通过产品说明书可增强用户对产品的信任感。一般来说,每个配件都应配一份产品说明书(有的厂家配有用户须知)。

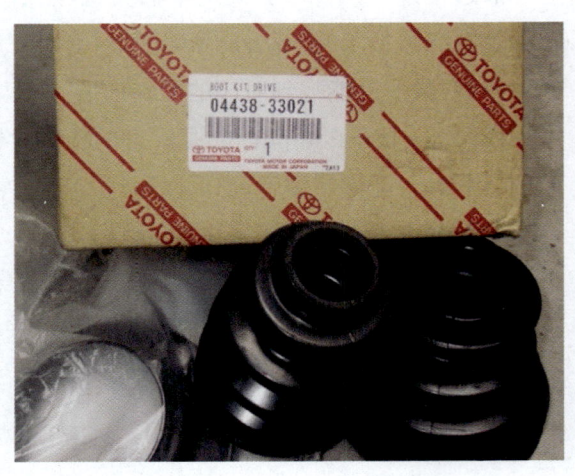

图 3-1-7　正规配件的外观及包装

如果交易量相当大,还必须查询技术鉴定资料。进口配件还要查询海关进口报关资料。我们国家规定,进口商品应配有中文说明,一些假冒进口配件一般没有中文说明,且包装上的外文,有的文法不通,甚至单词拼写错误,一看便能分辨真伪。

（4）四看表面处理

鉴别金属机械配件,可以查看表面处理。所谓表面处理,即电镀工艺、油漆工艺、电焊工艺、高频热处理工艺。汽车配件的表面处理是配件生产的后道工艺,产品的后道工艺尤其是表面处理涉及很多现代科学技术。国际和国内的名牌大厂在利用先进工艺上投入的资金是很多的,特别对后道工艺更为重视,投入资金少则几百万元,多则上千万元。一些制造假冒伪劣产品的小工厂和手工作坊有一个共同特点,就是采取低投入掠夺式的短期经营行为,很少在产品的后道工艺上投入技术和资金,而且也没有这样的资金投入能力。

① 镀锌技术和电镀工艺:汽车配件的表面处理方式,镀锌工艺占的比重较大,一般铸铁件、锻铸件、铸钢件、冷热板材冲压件等大都采用表面镀锌。质量不过关的镀锌,表面一致性很差。镀锌工艺过关的,表面一致性好,而且批量之间一致性也没有变化,有持续稳定性。明眼人一看,就能分辨真伪优劣。电镀的其他方面,如镀黑、镀黄等,大工厂在镀前处理的除锈酸洗工艺比较严格,清酸比较彻底,这些工艺要看其是否有泛底现象。镀钼、镀铬、镀镍可看其镀层、镀量和镀面是否均匀,以此来分辨真伪优劣。

图 3-1-8 是正规配件的表面镀锌和电镀工艺。

② 油漆工艺:现在一般都采用电浸漆、静电喷漆,有的还采用真空手段和高等级静电漆房喷漆。采用先进工艺生产的零部件表面,与采用陈旧落后工艺生产出的零部件表面有很大差异。目测时可看出,前者表面细腻、有光泽、色质鲜明;后者则色泽暗淡、无光亮,表面有气泡和"拖鼻涕"现象,用手抚摸有砂粒感觉,相比之下,真假非常明显。

图 3-1-9 是正规配件的表面油漆工艺。

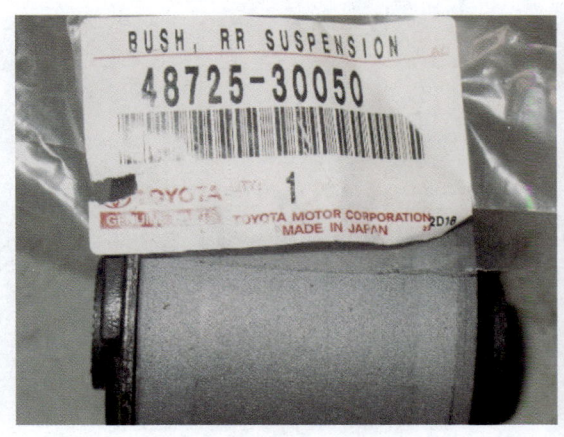

图 3-1-8　正规配件的表面镀锌和电镀工艺

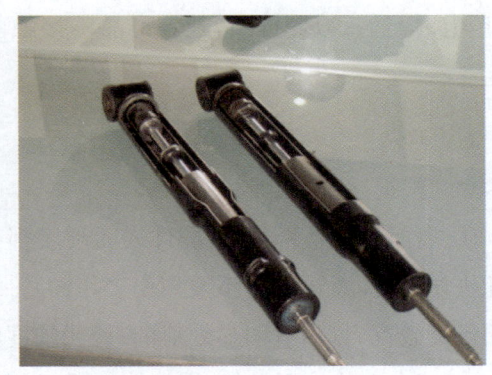

图 3-1-9　正规配件的表面油漆工艺　　　图 3-1-10　正规配件(左)与伪劣配件的表面电焊工艺

③ 电焊工艺:在汽车配件中,如减振器、钢圈、前后桥、大梁、车身等均有电焊焊接工序。专业化程度很高的正规汽车配件厂家,电焊工艺技术大都采用自动化焊接,能定量、定温、定速,有的还使用低温焊接法等先进工艺。产品焊缝整齐、厚度均匀,表面无波纹形、直线性好,即使是点焊,焊点、焊距也很规则,这一点哪怕再好的手工操作也无法做到。

图 3-1-10 是正规配件(左)与伪劣配件的表面电焊工艺对比。

④ 高频热处理工艺:汽车配件经过精加工以后才进行高频淬火处理,因此淬火后各种颜色都原封不动地留在产品上。例如汽车万向节内、外球笼等部件经过淬火后,就有明显的黑色、青色、黄色和白色,其中白色面是受摩擦面,也是硬度最高的面。目测时,凡是全黑色和无颜色区别的,肯定不是高频淬火。

工厂要配备一套高频淬火成套设备,其中包括硬度、金相分析测试仪器和仪表的配套,它的难度高,投入资金多,还要具备供、输、变电设备条件,供电电源在 3 万伏以上。小工厂、手工作坊是不具备这些设备条件的。

图 3-1-11 是正规配件表面高频热处理工艺。

(5) 五看非使用面的表面伤痕

从汽车配件非使用面的伤痕,也可以分辨出是正规厂生产的产品,还是非正规厂生产的产品。

表面伤痕是在中间工艺环节由于产品相互碰撞留下的。优质的产品是靠先进科学的管理和先进的工艺技术制造出来的。生产一个零件要经过几十道甚至上百道工序,而每道工序都要配备工艺装备,其中包括工序运输设备和工序安放的工位器具。

图 3-1-11　正规配件表面高频热处理工艺

高质量的产品有很高的工艺装备系数作保障,所以高水平工厂的产品是不可能在中间工艺过程中互相碰撞的。以此推断,凡在产品不接触面留下伤痕的产品,肯定是小厂、小作坊生产的劣质品。

2. "四法"

(1) 检视法

① 表面硬度是否达标:配件表面硬度都有规定的要求,在征得厂家同意后,可用钢锯条的断茬去试划(注意试划时不要划伤工作面)。划时打滑无划痕的,说明硬度高;划后稍有浅痕的,说明硬度较高;划后有明显划痕的,说明硬度低。

② 接合部位是否平整:零配件在搬运、存放过程中,由于振动、磕碰,常会在接合部位产生毛刺、压痕、破损,影响零件使用,选购和检验时要特别注意。

③ 几何尺寸有无变形:有些质量差的零件因制造、运输、存放不当等原因,容易产生变形。检查时,可将轴类零件沿玻璃板滚动一圈,看零件与玻璃板贴合处有无漏光来判断是否弯曲。选购离合器从动盘钢片或摩擦片时,可将钢片、摩擦片举在眼前观察其是否翘曲。如选购油封时,带骨架的油封端面应呈正圆形,能与平板玻璃贴合无挠曲;无骨架油封外缘应端正,用手握使其变形,松手后应能恢复原状。选购各类衬垫时,也应注意检查其几何尺寸及形状。

④ 总成部件有无缺件:正规的总成部件必须齐全完好,才能保证顺利装配和正常运行。一些总成件上的个别小零件若漏装,将使总成部件无法工作,甚至报废。例如,球笼应带修理包;自动变速器修理包是否齐全。

图 3-1-12 是正规厂家的总成部件。

⑤ 转动部件是否灵活:在检验机油泵等转动部件时,用手转动泵轴,应感到灵活无卡滞。检验滚动轴承时,一手支撑轴承内环,另一手打转外环,外环应能快速自如转动,然后逐渐停转。若转动零件发卡、转动不灵,说明内部锈蚀或产生变形。

⑥ 装配记号是否清晰:为保证配合件的装配关系符合技术要求,有一些零件,如正时齿轮

图 3-1-12　正规厂家的总成部件

表面均刻有装配记号。若无记号或记号模糊无法辨认,将给装配带来很大的困难,甚至装错。

⑦ 接合零件有无松动:由两个或两个以上的零件组合成的配件,零件之间是通过压装、胶接或焊接的,它们之间不允许有松动现象。例如,油泵柱塞与调节臂是通过压装组合的;离合器从动毂与钢片是铆接结合的;摩擦片与钢片是铆接或胶接的;纸质滤清器滤芯骨架与滤纸是胶接而成的;电器设备是焊接而成的。检验时,若发现松动应予以调换。

⑧ 配合表面有无磨损:若配合零件表面有磨损痕迹,或涂漆配件拨开表面油漆后发现旧漆,则多为旧件翻新。当表面磨损、烧蚀,橡胶材料变质时在目测看不清的情况下,可借助放大镜观察。

(2) 敲击法

判定部分壳体和盘形零件是否有裂纹,用铆钉连接的零件有无松动以及轴承合金与钢片的接合是否良好时,可用小锤轻轻敲击并听其声音。如果发出清脆的金属声音,说明零件状况良好;如果发出的声音沙哑,就可以判定零件有裂纹、松动或接合不良。

浸油锤击是一种探测零件隐蔽裂纹最简便的方法。检查时,先将零件浸入煤油或柴油中片刻,取出后将表面擦干,撒上一层白粉(滑石粉或石灰),然后用小锤轻轻敲击零件的非工作面,如果零件有裂纹,通过振动会使浸入裂纹的油渍溅出,裂纹处的白粉呈现黄色油迹,便可看出裂纹所在。

(3) 比较法

采用标准零件与被检零件做比较,从中鉴别被检零件的技术状况。例如,气门弹簧、离合器弹簧、制动主缸弹簧和轮缸弹簧等,可以用被检弹簧与同型号的标准弹簧(最好用纯正部品,即正厂件)比较长短,即可判断被检弹簧是否夸合要求。

(4) 测量法

① 检查结合平面的翘曲:采取平板或钢尺作基准,放置在工作面上,然后用厚薄规测量被

测件与基准面之间的间隙。检查时应以纵向、横向、斜向等各方面测量,以确定变形量。

如图 3-1-13 所示检查结合平面是否翘曲。

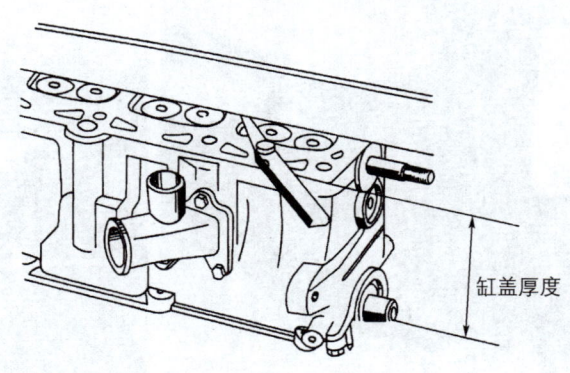

图 3-1-13　检查结合平面是否翘曲

② 检查轴类零件:轴类零件需要检查弯曲度。如图 3-1-14 所示,将轴两端用 V 形铁水平支承,用百分表触针抵在中间轴颈上,转动轴一周,表针摆差的最大值反映了轴弯曲程度(摆差的 1/2 即实际弯曲度)。

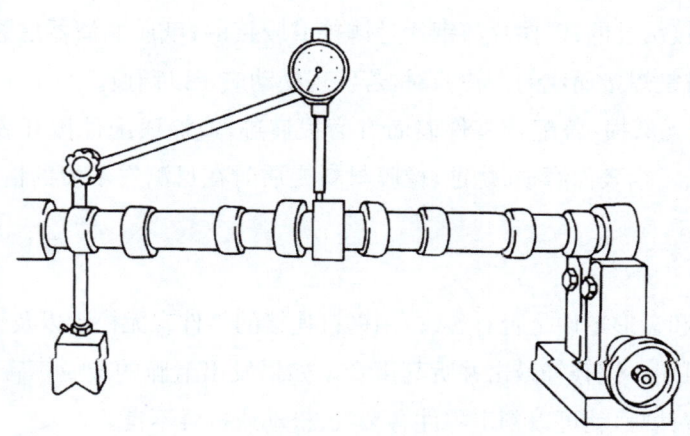

图 3-1-14　检查轴类是否弯曲

③ 检查滚动轴承。

检查轴向间隙:将轴承外座圈放置在两垫块上,并使内座圈悬空,再在内座圈上放一块小平板,将百分表触针抵在平板的中央,上下推动内座圈,百分表指示的最大值与最小值之差,即是它的轴向间隙。轴向间隙的最大允许值为 0.20～0.25 mm。

检查径向间隙:将轴承放在一个平面上,使百分表的触针抵住轴承的外座圈,然后一手压紧轴承内圈,另一手往复推动轴承外圈,表针所摆动的数字即为轴承径向间隙。径向间隙的最大允许值为 0.10～0.15 mm。

如图 3-1-15 所示检查滚动轴承的间隙。

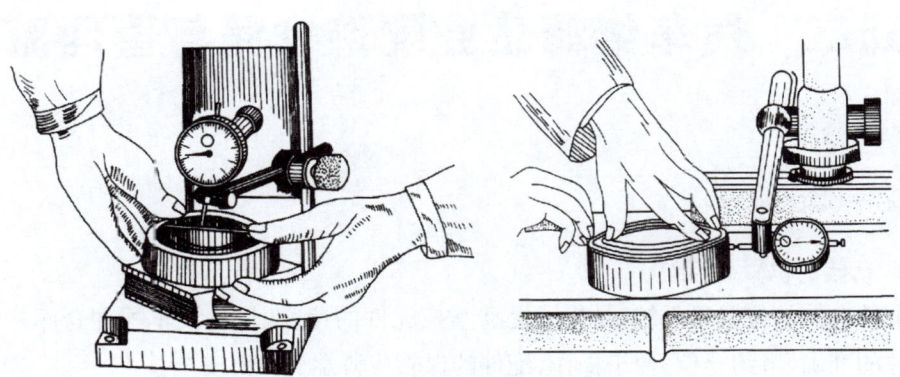

图 3-1-15　检查滚动轴承的间隙

④ 检查螺旋弹簧：汽车上应用的压缩弹簧如气门弹簧、离合器弹簧、制动主缸弹簧和轮缸弹簧；拉伸弹簧如制动蹄片复位弹簧等。弹簧的自由长度可用钢板尺或游标卡尺测量，弹力的大小可用弹簧试验器检测。弹簧歪斜可用直角尺检查，歪斜不得超过2°。

如图 3-1-16 所示检查螺旋弹簧。

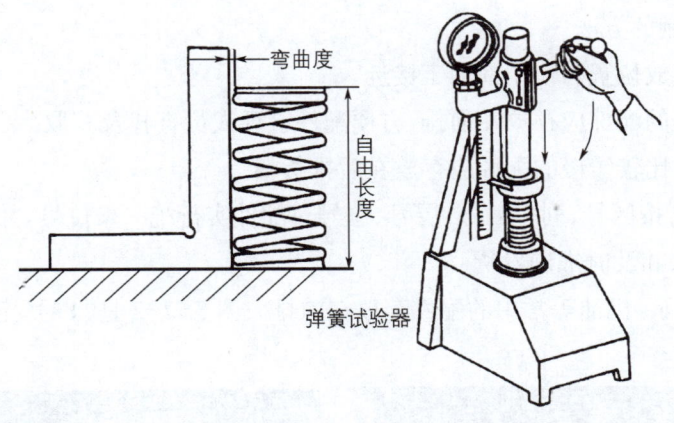

图 3-1-16　检查螺旋弹簧

单元二　汽车维修企业配件仓储与管理流程

一、配件的仓储

1. 配件仓储的位置码系统

编制配件仓储的位置码系统,是为了提高查找配件的速度,优化汽车配件仓库的管理。保证库存配件的准确,节约仓位,便于操作,配件的保管应科学、合理、安全。

（1）位置码的概念

位置码是标明配件存放位置的代码。位置码是空间三维坐标形象的表现,也就是一点确定一个位置,一个位置只能放置一种配件。

（2）位置码编制的依据

位置码编制的依据是仓库平面布置的基础,即"三点系统"。

"三点系统"是指配件仓库、车间柜台、用户柜台。

"三点系统"的作用:保证使用较少的工作人员,走相对较短的距离,使各种控制便利。货架系统集中在配件仓库的中心区域能获得最大的储存空间。

（3）位置码编制的方法

① 使配件的存放位置与使用都易于接近。

② 流动量频繁的配件应存放在前排,方便配件管理人员查找及获取。

③ 流动量相对比较缓慢的配件应存放在后排货架。

④ "4号"定位:按区号、列(架)号、层号、位号对配件实行统一架位号,并与配件的编号一一对应,以便迅速查账和及时准确发货。

如图3-2-1所示,机油等常用的配件存放在前排。图3-2-2是"4号"定位编码方法。

图3-2-1　常用配件、材料存放

图3-2-2　"4号"定位编码

2. 配件存放原则

图 3-2-3 是仓库配件分类存放的情形。

配件的存放原则如下：

（1）按车型分类存放。

（2）按系统（发动机、底盘、电器等）分类存放。

（3）油品、易损件、消耗件单独存放。

图 3-2-3　配件分类存放

3. 特殊配件存放要求

对于特殊的配件，存放要求如下。

（1）不能沾油的汽车配件的存放。

① 轮胎、水管接头、三角皮带等橡胶制品，怕沾柴油、黄油，尤其怕沾汽油，若常与这些油类接触，就会使上述橡胶配件质地膨胀，加速老化，造成配件损坏报废。

② 干式纸质空气滤清器滤芯不能沾油，否则，灰尘、砂土粘附在上面，会将滤芯糊住，增大气缸进气阻力，使气缸充气不足，影响发动机功率的发挥。

③ 发电机、起动机的碳刷和转子沾上黄油、机油，会造成电路断路，使之工作不正常，甚至致使汽车不能起动。

④ 风扇皮带、发电机皮带沾上油，会引起打滑，影响冷却和发电。

⑤ 干式离合器的各个摩擦片应保持清洁干燥，沾上油就会打滑。同样，制动器的制动蹄片沾上油，会影响制动效果。

⑥ 散热器沾上机油、黄油后，尘砂粘附其上，不易脱落，会影响散热效果。

（2）对于发动机总成的储存期，如超过半年，则必须进行维护。一种办法是将火花塞（汽油机）或喷油器（柴油机）自气缸盖上拆下，螺孔中注入车用机油少许，以保持气缸中摩擦副零件有良好的润滑油膜，防止长期缺油生锈。如超过 1 年，除应做上述维护外，还应在气缸壁上涂敷得更彻底和均匀,然后装上火花塞和喷油器。

(3) 对于蓄电池的储存,更应防止重叠过多和碰撞,防止电极及盖因重压受损,而且应注意加注电解液塞的密封,防止潮湿空气进入。至于极板的储存,则应保持仓库干燥,储存期一般规定为6个月,必须严格控制。

(4) 爆震传感器等电子元件的存放。爆震传感器受到重击或从高处跌落会损坏,为防止取件时此类现象发生,这类配件不应放在货架或货柜的上层,而应放在底层,且分格存放,每格一个,下面铺上海绵等软物。

(5) 减振器的存放。减振器在车上是承受垂直载荷的,若长时间水平放置,会使减振器失效。因此,在存放减振器时,要将其竖直放置。水平放置的减振器,在装上汽车之前,要在垂直方向上进行手动抽吸。

(6) 对于橡胶制品,应在能保持环境温度不超过25℃的专仓内储存,以防老化,保证安全。

(7) 对于电器配件、橡胶制品配件、玻璃制品配件,由于这些配件自重小,属轻抛物资,不能碰撞和重压,否则,将使这些配件的工作性能失准、变形或破碎,故应设立专仓储存,而且在堆垛时应十分注意配件的安全。

(8) 对于像软木纸、毛毡制油封及丝绒或呢制车门嵌条一类超过储存期半年以上的配件,除应保持储存场地干燥外,在毛毡油封或呢槽包装箱内,应放置樟脑丸,以防霉变及虫蛀。

二、配件管理的流程

以下介绍配件管理相关的流程。

1. 配件采购流程

图3-2-4是配件采购流程。

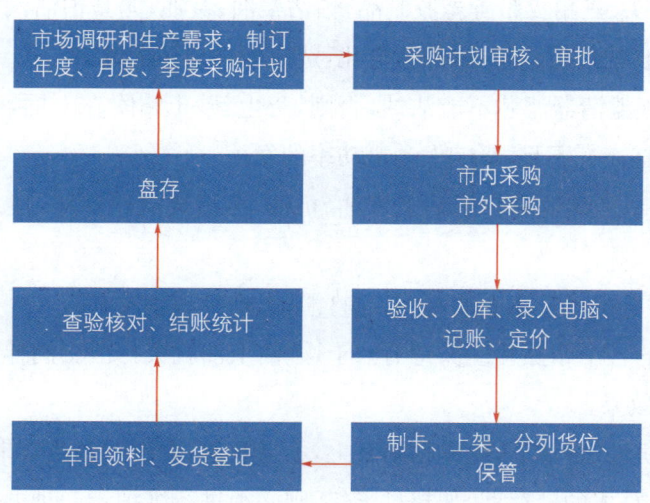

图 3-2-4　配件采购流程

2. 配件入库、仓储、出库流程

图 3-2-5 是配件入库、仓储、出库流程。

3. 维修领料流程

图 3-2-6 是维修领料流程。

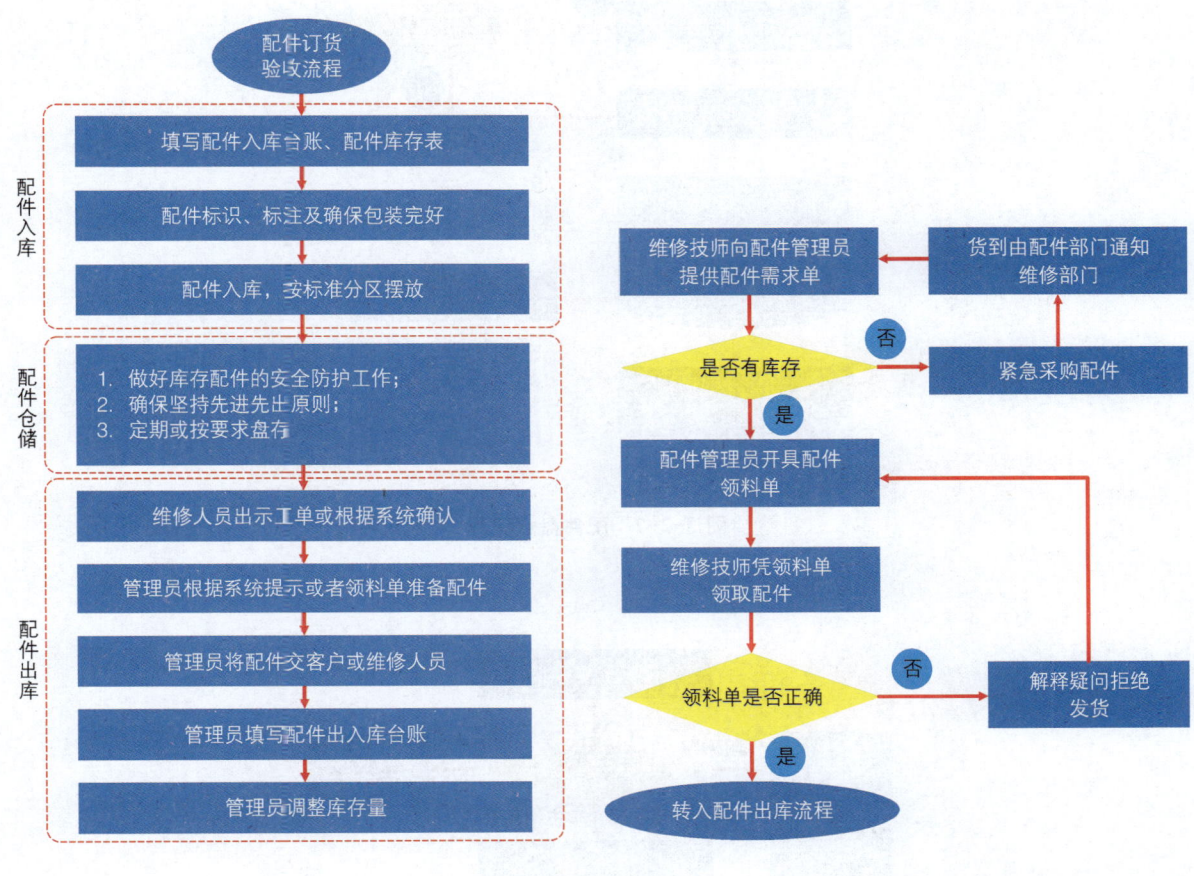

图 3-2-5　配件入库、仓储、出库流程　　　　图 3-2-6　维修领料流程

说明：

（1）维修技师凭"施工单"及"拆检报料单"（对于大项目、多项目的维修车辆）到配件部领料。

（2）配件部在领料前对新件确认完好无损，规格一致，确认账物相符后在领料单上签字。

（3）维修技师再次与实车确认新件无误后，把配件安全地放在工作台上，等待安装。

4. 配件盘点流程

图 3-2-7 是配件盘点流程。

5. 旧配件管理流程

图 3-2-8 是旧配件管理流程。

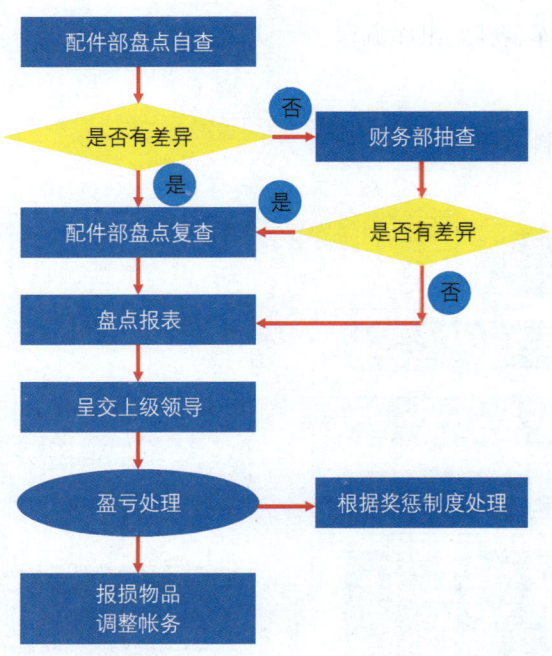

图 3-2-7　配件盘点流程

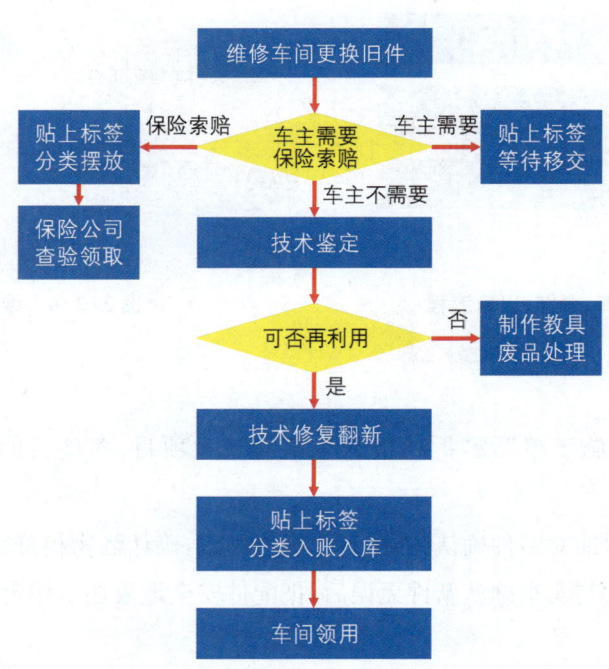

图 3-2-8　旧配件管理流程

说明：

（1）无法再利用的旧件，可以制作各种教具及营销道具；无利用价值的旧件，可作为废品销售；危废物按规定处理。

（2）使用再生件时必须如实告知并征求客户同意，不得以旧充新。

三、配件管理的表单

配件管理涉及的表单，大多数是维修管理系统自动生成，根据维修管理系统的相关表单使用。车间报配件用的"维修项目检查报价单"见"派工维修流程"。图3-2-9是"配件订货单"。

××汽车配件订货单					
订单类型	常规（ ）紧急（ ）					
车牌号：		车型：		内饰颜色：	
车架号（VIN）：			配件付款类型：自费（ ）保险（ ）		
	配件号码	配件名称	配件数量	配件预估单价	预估总价	备注
1						
2						
3						
4						
5						
6						
7						
是否在店待修		配件经理签字		实收保证金金额	
应收保证金金额		服务经理签字		收银员签字	
服务顾问签字		客户签字		收银日期	
接到订单日期		预计到货日期		到货日期	
订单状态	订货（ ）	已到货（ ）		已通知（ ）	已更换（ ）
第一联：服务顾问留存，　第二联：库房留存，　第三联：客户联					

图 3-2-9　配件订货单

四、配件管理制度

以下介绍配件相关的管理制度。

配件采购管理制度

1. 每季度要根据维修车间的配件使用情况、市场调研、定点采购、定期询价和公司主管领导的指示拟定配件月采购计划,经本部门经理审核无误后,交公司主管领导审批。

2. 配件月采购计划应该一次性提出,最多不能超过两次,并应建档保管,以备日后查询。

3. 配件月采购计划审批完毕之后,应该及时交给配件采购人员,由其合理安排采购实施计划。

4. 采购配件必须填制"配件采购申请单",由仓库管理人员确认已无库存,并经配件经理审批后方可购买。

5. 外购件确需即时付款的,由配件经理及公司主管领导在"配件采购申请单"上签批后,采购人员凭此单到财务部门办理借款手续。

6. 重要的配件,例如可能造成纠纷的配件,采购回公司后,必须交由配件部门经理或技术总监进行技术鉴定。技术鉴定合格后才能入库。

7. 采购人员必须凭有效的"配件采购申请单"和所购配件及时到仓库办理入库手续。

8. 采购人员必须凭有效的"配件采购申请单"、购件凭证、入库单等,及时到财务部门办理报账事宜。财务部门经理必须严格审核采购人员所报呈的单据,并及时入账。

9. 挂账配件,必须将配件供应商所出具的有效凭据及本公司内部控制的有效凭证交出纳核对,由出纳将凭证移交给会计。

10. 所购急件在办完入库手续后,配件部门经理或值班人员应及时通知维修车间及生产班组前来领取。

配件库存管理制度

1. 配件仓库管理员在办理配件入库手续时,必须认真清点核对所购物品与"配件采购申请单"中所列物品是否相符,以及有关人员的技术鉴定意见,并据实填制入库单,记入库存材料台账。

2. 配件部门经理或配件仓库管理员要对所购进配件的规格、名称、产地、价格等进行全面验收,并确认合格后,方能在入库验收记录上签字。

3. 配件仓库管理员对验收合格的配件要及时办理入库手续。

(1) 对办理入库手续的配件要及时做账,做账以正式收发凭证为依据。

(2) 入库的配件要及时制办零配件专用卡,清楚入库配件的名称、型号、规格、级别、储备额和实际储存量。

(3) 配件入库后要统一登记,一物一档,统一编号,便于查询。

4. 处理好零配件的库存保管事宜,要对配件进行合理的分区、分架、分层管理,方便电脑查询和出库,节省配件仓库的使用空间。

5. 做到安全库存:对于不常用的配件不宜储存过多,对于易变形、易损坏的配件要谨慎存放,处理好配件仓库的安全防火事宜,定期清仓、盘点,掌握配件变动情况,避免零配件的积压、损坏或丢失,保证帐、卡、物相符。

6. 与维修车间密切配合,认真做好旧配件回收管理工作。

配件盘点管理制度

1. 配件盘点目的

为了及时掌握库存配件的变化情况,避免配件的短缺、丢失或超储积压,必须定期对配件进行盘点。

2. 盘点的内容

查明实际库存的数量与账、卡上的数字是否相符,检查配件收发有无错误,查明有无超储积压、损坏、变质等情况发生。

3. 盘点的形式

(1) 永续盘点,是指零配件保管员每天对有收发动态的零配件盘点一次,以便及时发现收发差错。

(2) 循环盘点,是指零配件保管员对自己所管物品分别轻重缓急,做出每月重点日盘点计划,并按计划日进行盘点。

(3) 定期盘点,是指在月、季、年度组织清仓盘点小组,全面进行盘存清查,并造出库存清册。

(4) 重点盘点,是指根据季节变化或工作需要,或因为某种特定目的而对仓库物资进行的盘点和检查。

4. 盘点中出现问题的处理

对于盘点后出现的盈亏、损耗、规格串混、丢失等情况,应组织复查落实,分析产生的原因,并及时予以处理。

(1) 合理储耗:对易挥发、潮解、溶化、散失、风化等物品,允许有一定的储存损耗。凡在合理储耗标准以内的,由配件保管员填报"合理储耗单",经批准后,即可转财务部门核销。正常储耗的计算,一般一个季度进行一次。其计算公式如下:

$$合理储耗量 = 保管期平均库存量 \times 合理储耗率$$

$$实际储耗量 = 账存数量 - 实存数量$$

$$储耗率 = 保管期内实际储耗量 \div 保管期内平均库存量 \times 100\%$$

实际储耗量超过合理储耗量部分作盘亏处理,凡因人为的原因造成零配件丢失或损坏的,不得计入储耗内。

(2) 盈亏和调整:在盘点中发生盘盈或盘亏时,应反复落实,查明原因,明确责任。由配件管理员填制"库存物品存报告单",经配件部经理审签后,按规定报经公司主管领导审批。

(3) 报废和削价:由于保管不善,造成霉烂、变质、锈蚀的配件,在收发、保管过程中已经损坏并失去部分或全部使用价值的,因技术淘汰需要报废的,经有关方面鉴定并确认不能使用的,由配件管理填制"物品报废单",报经公司主管领导审批。由于上述原因需要削价处理的,经技术鉴定后,由配件管理员填制"物品削价报告单",报经公司主管领导审批。

(4) 事故处理:由于被盗、火灾、水灾、地震等原因,或因配件管理员失职致使配件数量和质量受到损失的,应作为事故向公司主管领导报告,并按公司有关规定处理。

(5) 调剂余缺:在盘点过程中,还应清查有无本公司多余或暂时不需用的配件,以便及时把这些配件调剂给其他需用的单位。

积压配件处理制度

1. 积极并快速处理积压配件,减少库存积压的资金,增强流动资金的周转率,增加仓库的使用面积。
2. 清楚掌握积压配件的型号、名称、规格、数量、市场价格。
3. 在维修过程中尽量使用积压的配件,并参考市场价格。
4. 对积压配件适当降价处理。
5. 积极与配件供应商协商,争取以货换货。
6. 对于已经淘汰的车型配件,作为废件处理。

旧件及再生件管理制度

1. 维修车间换下的旧件,除油液、滤清器等耗材外,应以旧换新,由配件管理部门集中存放。
2. 车辆维修完工后,对旧零配件立即进行清点,做好清洁、打好包,并填写清单,如车牌、车型、旧零配件名称、数量等。
3. 如果车主要求带走的旧零配件,将旧零配件放到客户车辆的后备箱里;如果车主不带走的可利用旧零配件,则存入旧零配件库;不能利用的,则作为废品处理。
4. 对可利用旧零配件造册登记,进行统一分类管理。

能够进行修理后再利用的旧零配件,一定要进行修理;同时检验其安全性和可靠性,检验合格的作为储备配件,降价处理(必须事先与客户讲清情况)。

5. 对于没有修理价值的废旧物品,集中报废处理。

特约维修索赔配件管理办法

1. 特约维修的索赔配件应由该车型的特约维修负责人向本公司交代清楚,生产车间换下的索赔旧配件应做好卫生清洁、打好包,填写好清单,交有关人员进行索赔处理。
2. 本公司应指定专人作为索赔车型的协作人,以便及时与厂方联系,争取得到较好的处理结果。如不能及时结案,该协作人应即时将索赔配件交零配件部门保管。
3. 配件管理部门所收的索赔旧配件应分类保管,用专用记录本详尽登记每次索赔旧配件的业务明细,以备日后查验。
4. 如违反本管理办法所规定的操作程序而造成旧配件遗失的,由违规者照价赔偿。
5. 凡属索赔的配件必须经过有关人员的检验和有关负责人的确认,否则不予索赔。
6. 任何人不得以配件索赔的名义向客户索取财物,不得以非本公司的更换件冒充本公司的更换件。

7. 要认真执行配件索赔前的检验规定，达不到索赔要求的一律不予索赔。

五、配件管理思考、讨论及模拟演练

根据以下情境，结合场地、人员及其他条件，进行思考、讨论及模拟演练。

情境一：

某企业的配件管理经常出现订错货，甚至新件将要装车前才发现错误。

请问您如何解决？

提示：从车间、配件部、配件供应商等环节组织讨论。

情境二：

如何解决车间同一辆车多次报配件的问题？

提示：结合服务流程各环节的内容组织讨论。

模块四

汽车维修企业客户关系管理流程

  本模块介绍汽车维修企业客户关系管理流程,包括以下两个单元:
  单元一 客户服务中心与客户档案管理;
  单元二 客户满意度提升与投诉处理流程。
  通过本模块的学习,掌握汽车维修企业客户服务、客户档案管理的作用及要点,以及客户满意度提升与客户投诉处理流程的内容和要点

单元一　客户服务中心与客户档案管理

一、客户服务中心的作用与职责

1. 客户服务中心的作用

规模较大的企业通常会设立专门的客户服务中心,简称客服中心。客服中心是企业(公司或机构)与客户联系的桥梁,能够保持良好的客户关系,帮助企业提高服务质量及服务水平,因而产生销售及维修的回头客,提高客户忠诚度,产生良好的客户口碑。

客户服务中心的作用:

(1) 客服中心并不能替代销售、服务部门的工作,而是统筹整个企业(机构)的客户关系工作。

(2) 客服中心是提高服务竞争力及企业利润的需要。

① KPI 考核中客户满意度指标的真实来源,及时拦截即将流失的客户,促进满意的客户转介绍,扩大忠诚/有效客户群体。

② 客服中心从短期看不能带来直接的经济效益,但从长期看却能带来非常可观的间接经济效益,通过品牌形象、转介绍、再购、增购等体现出来。

客服中心设立 1 年左右时间作用不明显,地位不被重视;设立 2~3 年时间作用非常明显,地位将会被重视。

2. 客户服务中心与各部门的关系

(1) 建立独立的客户关系管理部门(客户服务中心),与主营业务部门并行,直属总经理管辖。

(2) 由客服中心具体协调和支持销售部、售后服务部的客户关系工作。

图 4-1-1 是客服中心与企业各部门的关系。

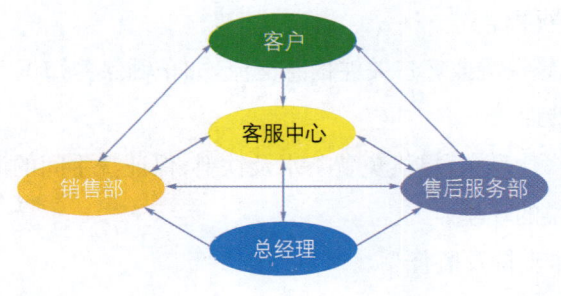

图 4-1-1　客服中心与企业各部门的关系

3. 客户服务中心的工作职责

通过对销售/售后服务部门与客户之间的管理,与销售/售后服务部门协调,帮助销售/售后服务部门维持现有的客户和发展新客户,提供良好的销售质量和优秀的售后服务标准。图4-1-2是客服中心的工作职责。

图 4-1-2 客服中心的工作职责

4. 客户服务中心的日常工作

(1) 客户资源分类管理

建立完整的客户信息档案,以便能够及时调阅车辆保养维修记录、回访内容等。

(2) 对购车客户首保和例保提醒(仅对于4S店或具有新车销售业务的企业)

新车销售后3日内、3周内必须100%对客户进行关怀、保养提醒回访。

(3) 对保养维修客户的服务跟踪

在车辆保养维修后3日内必须100%跟踪回访,了解使用情况,进行客户满意度调查。

(4) 开展预约服务工作

在销售/售后服务回访过程中,提醒客户预约服务,提高招揽率;保证预约服务客户得到及时、快捷的服务。

(5) 客户满意度调查

① 现场满意度面访:每日定期向现场客户咨询销售/售后服务环节满意度建议。

② 调查问卷调访:电话回访或每周发送调查问卷,了解服务质量,开展相应的改善工作。

(6) 短信/微信平台管理

① 定期或不定期举办售前及售后服务活动,及时对潜在客户以及老客户进行短信/微信通知。

② 对客户特殊日子祝福。

③ 定期传送保养维修提醒或客户关注信息交流,如车辆保养知识、行车注意等。

(7) 客户休息室的管理

设立干净整洁的客户休息室,提供免费茶水及饮料;保证洗手间的清洁和必要的配套设施,给客户提供一个舒适愉悦的环境。

(8) 对各部门的工作支持及监督

① 进行新车销售时,监督销售顾问在看车、谈价、交车环节的接触点管理,按标准化流程执行。

② 进行车辆保养维修时,监督售后服务人员按标准流程执行,以及使用防护套,保证客户的车辆座椅、转向盘、脚垫等不被污损。

(9) 客户的投诉处理

① 第一时间联系沟通了解客户要求,与相关部门协商解决方案,3 天内对处理结果进行跟进回访。

② 每周对投诉案例进行整理分析,提出预防机制及改善方案。

(10) 车友俱乐部的管理

① 对新老客户进行推广,介绍新会员入会。

② 定期策划、组织会员联谊活动或优惠服务活动。

③ 客户关怀活动的效果评估。

(11) 客户维系

对客户流失预警、流失客户招揽、保养客户招揽以及大客户管理等客户维系工作。

(12) 编写各种报表

① 每月对客服中心部门整体工作进行总结。包括:日/周/月报表,客户新增及流失报表,回访情况分析,满意度调查结果分析,不满意内容分析,客户期望(建议)及改善方案等。

② 分析报告直报总经理,抄送各职能部门负责人。

二、客户档案的作用与建立

1. 客户档案的作用

客户是企业最为宝贵的资源,管理好并分析现有的客户数据,可以不断提升客户满意度,加强客户关系的维护,防止客户资源流失,这是企业能够永续经营的基础。完整的客户档案是与客户沟通的前提。

图 4-1-3 是客户档案作用示例。

2. 客户档案信息的基本要素

(1) 基本信息

基本信息相对固定,采用"稳态"的管理方式,内容包括:

① 车主基本信息:姓名、性别、出生日期、身份证号、住址、公司、职称、联系地址(家庭/公司)、联系电话(手机、家庭/办公室、电子邮件、微信)、适当联系时间。

② 车辆基本信息:车型、颜色、年份、款式、车辆识别码(VIN)、牌照号码、车辆注册地点、领牌日期、购车日期、购车方式、购车价款、保险信息等车辆相关信息。

(2) 升级信息

升级信息不断变化,采用"动态"的管理方式,内容包括:

① 车主升级信息:车主的性格、职业背景、车主车辆使用情形、个人消费习惯、满意度调查的评价、客户回访记录、是否有投诉记录、参与营销活动记录、忠诚度类别、会员级别更新(依据

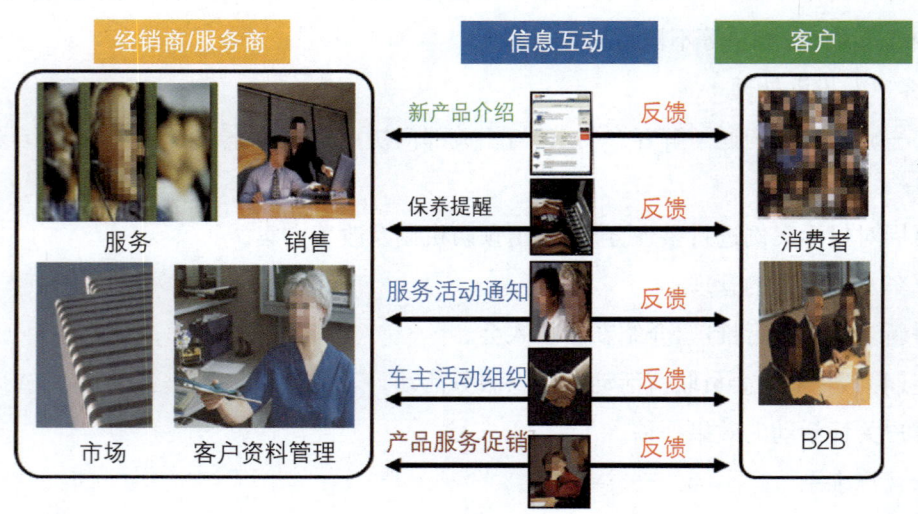

图 4-1-3 客户档案作用示例

忠诚度级别和消费累计)等信息。

② 车辆升级信息:车辆保养、维修记录,接受服务的类型(日常保养/小修/大修/保险事故维修/钣喷自费/装饰精品/紧急救援),定期保养行驶里程/完成该里程的时间间隔,消费累计,车险续保记录、代办年审、车检记录,预约记录,维修后回访信息记录,参与服务活动记录等信息。

3. 客户档案信息采集与更新要求

(1) 客户档案基本信息采集时间和责任部门(表 4-1-1)

表 4-1-1 客户档案信息采集要求

信息分类	项目	目的	获得时间	责任部门
个人信息	客户姓名	能够准确联系到客户	客户首次入店时;客户签订维修委托书时	服务顾问
	住址			
	电话/微信/QQ/邮箱			
	联系方式和时间			
车辆信息	品牌/车型	针对车辆提供必要的信息,强化对车辆的使用,了解客户车辆的生命周期	客户首次入店时;客户签订维修委托书时	服务顾问
	牌照号码			
	购车/交车日期			
	车辆识别码(VIN)			
	车身颜色			
	选配装置			

(续表)

信息分类	项目	目的	获得时间	责任部门
家庭情况	婚姻状况/家庭结构/成员生日/纪念日	深入了解客户，建立与客户的关系；制定有效的客户维系方法与活动内容	客户签订维修委托书时；客户每次回访与入店时	服务顾问，客服中心
个性情况	职业背景/生活习惯/兴趣爱好/宗教信仰			
入店履历	保养周期	根据客户保养周期，预测客户入店时间；根据车辆情况提供保养建议	客户每次回访与入店时	服务顾问，客服中心
	入店时间			
	实施内容			
	行驶里程（当前）			
维系情况	客户接触情况	制定有效的客户维系方法与活动内容	客户每次回访与入店时/实施活动时/客户投诉时/实施救援时	服务顾问，客服中心
	活动参与情况			
	客户满意度/投诉/救援情况			

（2）客户档案更新流程

发现客户档案信息错误或有变化时，应及时更新，其流程如图4-1-4所示。

工作要求：

① 回访专员每天将回访中客户的错误信息（联系电话等）记录到"客户信息跟踪表"中，转交指定负责人跟进落实。

② 当客户回店进行服务时，如发现客户信息（联系方式）有变更，应及时填写"客户信息跟踪表"，转交客服中心进行同步更改。

③ 客户信息跟踪实行"日清月结"制度，每日一次清查，每月一次小结，以保证信息更新的及时性。

④ 客户信息准确性是客户关系的基础工作，避免同一客户在回访中发生错误联系方式多次出现的情况。

⑤ 销售、售后服务应指定负责人具体落实信息跟进情况。

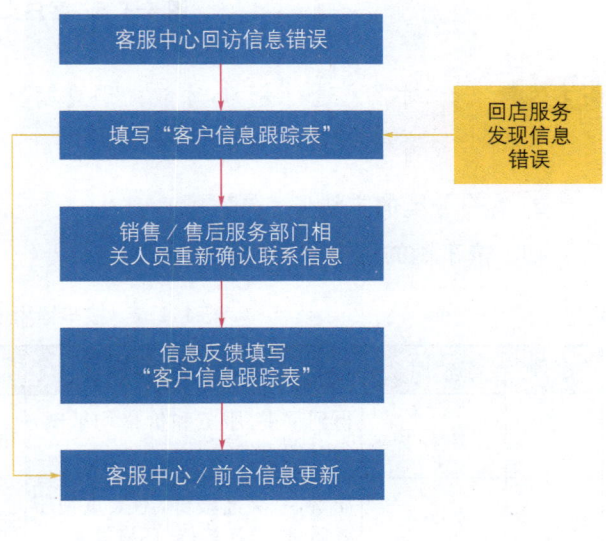

图4-1-4 客户档案更新流程

三、客户分类的目的和方法

1. 客户分类的目的

不同的客户对企业（门店）有不同的"贡献度"。图4-1-5是客户支持示意图（金字塔）。对客户进行有效的分类管理,可以帮助门店更精准配置资源,使产品或服务的改进更有成效。客户分类的目的是确定客户的忠诚度,锁定目标客户群,并发现潜在的客户需求,制订不同的服务措施。

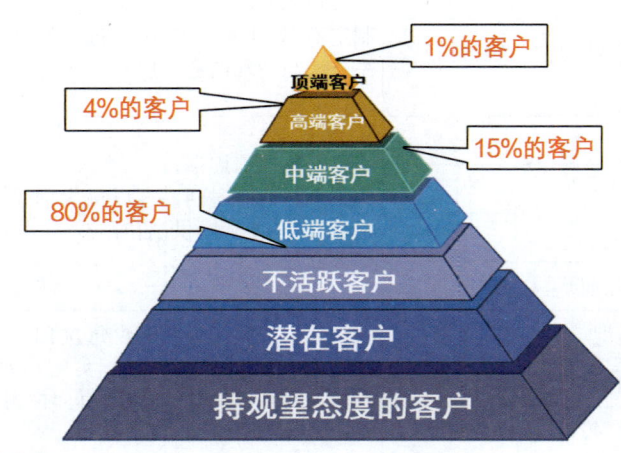

图 4-1-5　客户支持"金字塔"

提示　☆ 对客户进行分类,才能提供更精准的服务。
　　　☆ 有效的客户才是"上帝"。

2. 客户分类的方法

(1) 按车辆的用途分类(表 4-1-2)

表 4-1-2　按车辆用途进行客户分类

序号	车辆用途	客户主要需求	主要应对措施	信息要求
1	私家车	得到重视,服务和价格均敏感,省时省心省钱	重点群体,最大化满足	细化到偏好类,定期分析
2	公务车	质量,一次性报价,不太重视服务质量,包括接待、环境等	避免失误,保证维修质量	准确记录驾驶员、负责人信息
3	营运车(租赁)	服务的效率和价格	快速通道	保证时间价格信息准确

(2) 按服务的半径分类

如图 4-1-6 所示,客户服务半径直接反映服务的便利性:

① 对于服务半径大的客户,加强联系,避免流失。

② 对于离竞争对手较近的客户,要主动采取措施。

③ 对于超出服务半径的客户,需要采取特别措施(开设社区店、上门服务等)。

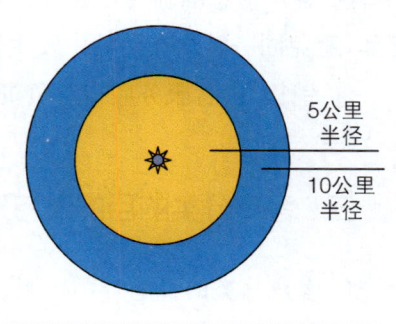

图 4-1-6　客户服务半径示意图

(3) 按客户的生命周期分类

从客户购买新车开始,到使用车辆,再到车辆即将报废,车辆处于不同的生命周期,客户关注度也不同。

图 4-1-7 是车辆处于不同生命周期与客户关注度关系。

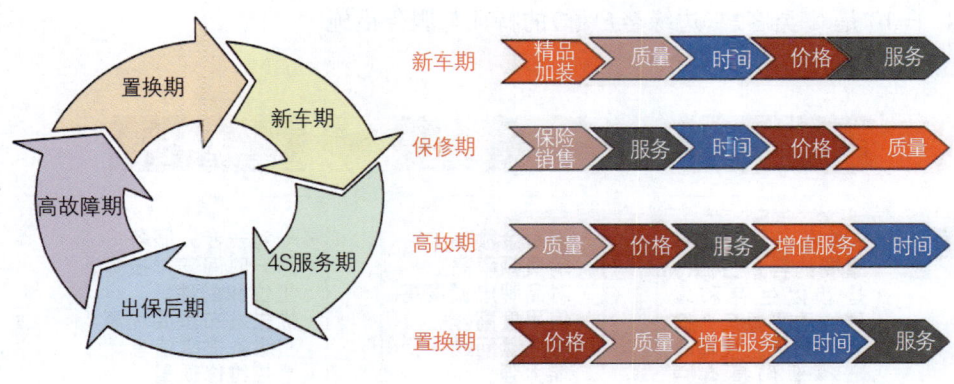

图 4-1-7　车辆处于不同生命周期与客户关注度关系

(4) 按车辆的档次分类

根据维修企业所处的地区、市场环境、管理层的"人脉关系",以及人员和设备等配置,可以确定服务车辆的档次,并进行分类(表 4-1-3)。

表 4-1-3　按车辆档次进行客户分类

类　型	特　点
高档车型客户	注重品质服务,注意环境舒适性,注重受到特别尊重。针对这类客户,注意服务的档次要高,要细致、周到。服务人员形象要好,通过主动、热诚的服务,使其感到优越,受到尊重。服务价格上应坚持优质优价的做法。如属大、中客户型,一般在签订协议时一次协议好价格
中档车型客户	注意服务质量,要求环境舒适,重视是否受到尊重,表现个性更复杂一些。针对这类客户,要注意规范化服务到位,注意环境的清洁卫生。服务人员应注意礼节礼貌。这类客户一般数量较多,要做好个人档案资料,发挥个性化服务的优势作用。服务价格上要准确,也应坚持优质优价的原则,谨慎处理结算时的折扣问题。如属大、中客户型,一般在签订协议时一次协议好价格
中低档车型客户	注重服务的质量、速度、价格,希望有舒适的环境和受到礼遇。针对这类客户,要满足客户特别提出的要求,如工期或价格,在维修质量有保证的前提下,尽可能缩短工期,适当加强用车技术指导(可以引导维修消费)

(5) 按客户的价值分类

根据所服务客户的价值,即客户对企业的"忠诚度""贡献度"等指标进行客户分类,分类命名可以按A,B,C,也可以按金牌、银牌、铜牌等层级进行。

图4-1-8是A类客户(忠诚客户群)的特征与服务措施。

图4-1-9是B类客户(机会客户群)的特征与服务措施。

图4-1-10是C类客户(边缘客户群)的特征与服务措施。

A类客户 →	客户特征 →	服务措施
A类客户是门店最重要的客户资源,是赖以生存和发展的重要源泉,区分、熟记、挽留、赢得他们是客户关系管理工作的重中之重。区分A类客户不能只简单的以消费金额多少为参考标准,还要关注客户的非货币因素。	·消费金额高。 ·消费频率高。 ·对品牌忠诚度高。 ·信用度高。 ·对质量问题承受能力强。 ·品德、素质高。 ·对门店依赖度高。 ·对价格敏感度低。 ·宣传价值高。	·一对一专人服务。 ·第一时间安排技师、工位和配件。 ·优先发布重要优惠和服务提醒信息。 ·严控维修质量。 ·高度重视客户抱怨。 ·防止滑向B类。

图4-1-8 A类客户的特征与服务措施

B类客户 →	客户特征 →	服务措施
B类客户在门店客户资源中所占比重相对较大。此类客户只是由于时间较短,暂时没有表现出A类客户的特质,门店应尽量促使这类客户向A类客户转化。	·门店与客户接触时间短,未完全挖掘客户潜力。 ·对服务品牌忠诚度尚未形成。 ·对门店服务存有疑虑。 ·服务尚未得到客户认可,客户不愿回报。	·一流的硬件设施、整洁的服务环境、完美的职业素养,为客户展示专业水准。 ·确保维修质量和按时交车。 ·提供养护、加改装等特色服务。 ·认真清洁车辆,确保满意交车。

图4-1-9 B类客户的特征与服务措施

C类客户	客户特征	服务措施
C类客户是门店挖掘的重要客户群,应引起高度重视,由于客户流失原因较为复杂,因此门店需要收集、整理和有效分析流失客户群,针对流失客户群的原因和特点,举办有特色的客户服务活动,动员,吸引其返回门店,做好流失客户的挽回将有利于门店提升赢利能力、保持持续发展。	• 有免费活动才来店。 • 价格敏感度极高。 • 忍耐力低,对服务过程中人员的态度,能力、素质、质量、便捷快速等因素极易产生不满。 • 评估门店的服务容易以点盖面。	• 展示专业技术能力和水平。 • 定向回访客户,长期关怀信息提醒服务。 • 定期上门拜访,提供免费检测及接送车等服务。 • 提供优惠的特色改装和翻新服务,招揽老客户回店。 • 丰富客户俱乐部活动,增加品牌凝聚力。 • 分析客户流失的主要原因,及时纠正和改进

图 4-1-10 C类客户的特征与服务措施

（6）特殊客户

维修企业服务的客户中,有一部分属于"特殊群体"（图 4-1-11）,对企业非常重要,或者影响重大,应特别对待。

图 4-1-11 特殊客户

特殊客户的对待方式:

① 电子档案和服务工单/标牌都要明确标记,尤其对发生过严重投诉的警示客户。

② 大客户及特殊关系的客户需要重点标记。

单元二　客户满意度提升与投诉处理流程

一、客户满意度的提升

1. 满意客户的好处

（1）客户会经常光顾，保持现有的客户群。

（2）增加新客户，满意客户会向朋友推荐，引导他们来再次消费或接受服务。

> **提示**
> ★ 满意的客户才会做转介绍。
> ★ 客户满意的基础是：过程满意＋质量满意＋价格满意。

汽车维修行业最有效的"集客"是客户的"口碑"。图 4-2-1 是满意客户的口碑效应；图 4-2-2 是不满意客户的口碑效应。数据来源于某市调公司的调研数据，并非针对汽车行业，供参考。

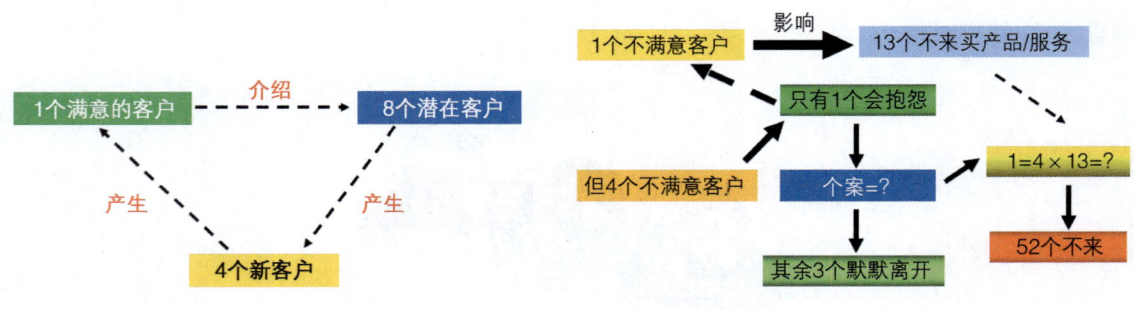

图 4-2-1　满意客户的口碑效应　　　　图 4-2-2　不满意客户的口碑效应

2. 客户满意与客户满意度调查

客户满意度（Consumer Satisfaction），也称客户满意指数，是对服务性行业的客户满意度调查系统的简称，这是一个相对的概念，是客户期望值与客户体验的匹配程度。换言之，就是客户通过对一种产品可感知的效果与其期望值相比较后得出的指数。图 4-2-3 说明了什么是客户满意。

衡量客户满意度的过程就是客户满意度调查。首先设定影响客户满意度的关键因素（用统计指标来反映，有时称为绩效指标），然后通过询问客户对这些关键因素的看法得出统计数据，进而得到综合的客户满意度指标，这个测量的过程就称为客户满意度调查。

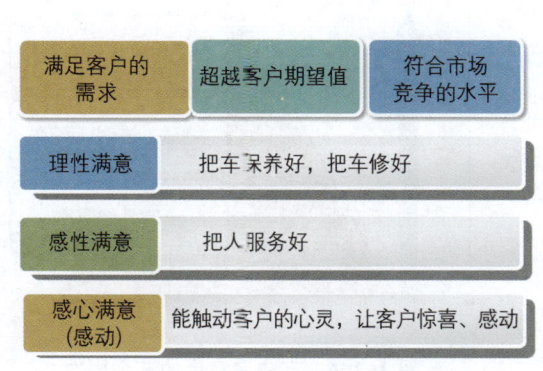
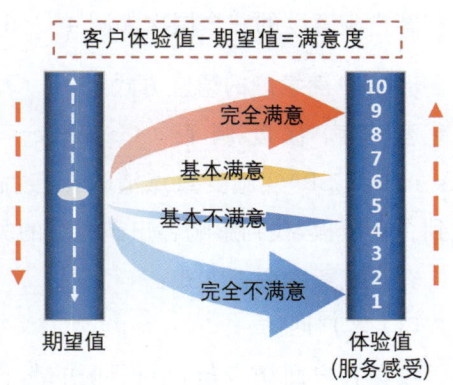

图 4-2-3　客户满意的内容　　　　　　　图 4-2-4　客户满意度评价

3. 客户满意度评价

客户满意度取决于客户接受服务的感受和期望值的差距。图 4-2-4 说明了客户期望值与体验值的差异带来满意度的不同。

4. 客户满意度的表现形式

客户满意度的表现形式体现在服务人员的服务表现与客户期望之间的差异，如图 4-2-5 所示。

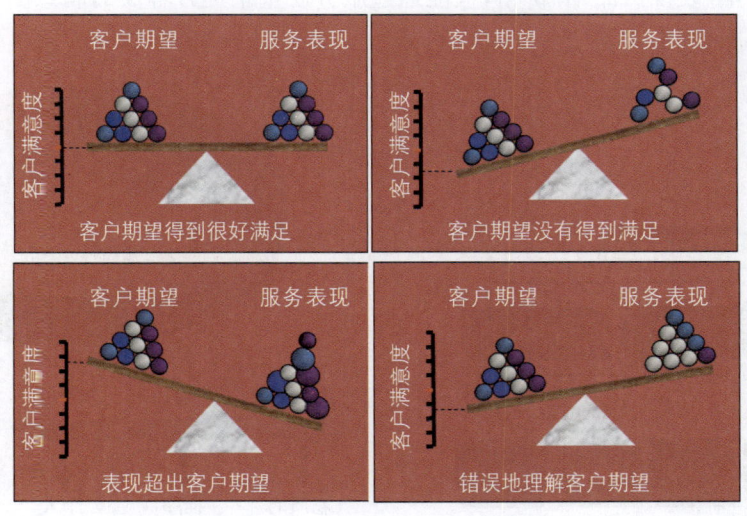

图 4-2-5　客户满意度的表现形式

5. 客户满意度的三个层次

客户满意度的三个层次如图 4-2-6 所示。

6. 客户满意度的调查方式

客户满意度调查（Consumer Satisfaction Research，CSR）实施要重点清晰，通过满意度指标找到企业短板，找到影响客户满意度的关键因素。

客户满意度调查方式：

（1）客户回访

设置客户回访专员，根据回访量，设置至少一名回访专员，在销售、维修或其他服务后进行客户回访。

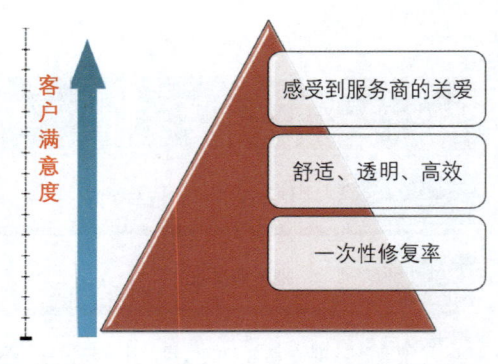

图 4-2-6　客户满意度的三个层次

（2）现场调查

在新车或维修车辆交付时，直接进行满意度调查，如由收银员调查客户满意度。

（3）信息采集

设置信息采集渠道，如在客户接待区、休息室、维修接待处设立意见箱或客户咨询热线，收集客户满意度信息。

满意度调查奖励可以采用发放奖品、幸运抽奖的方式，以获得更多的满意度调查信息。

7. 影响客户满意度的因素

影响客户满意的因素主要有三个方面：服务质量、产品质量和价格。一般情况下，服务人员无法掌控产品质量（硬件产品）和价格，只能通过服务质量来提升客户的满意度。图 4-2-7 是影响客户满意度的因素。

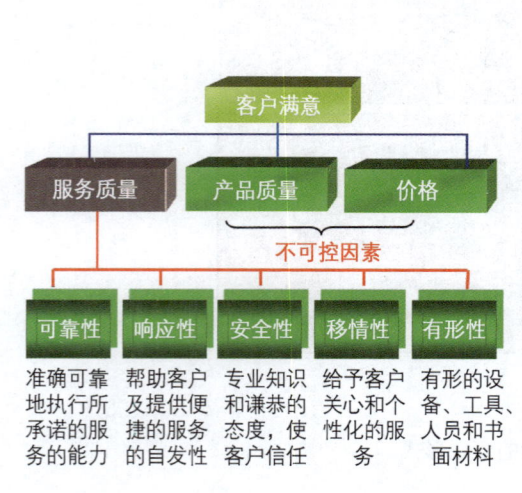

图 4-2-7　影响客户满意度的因素

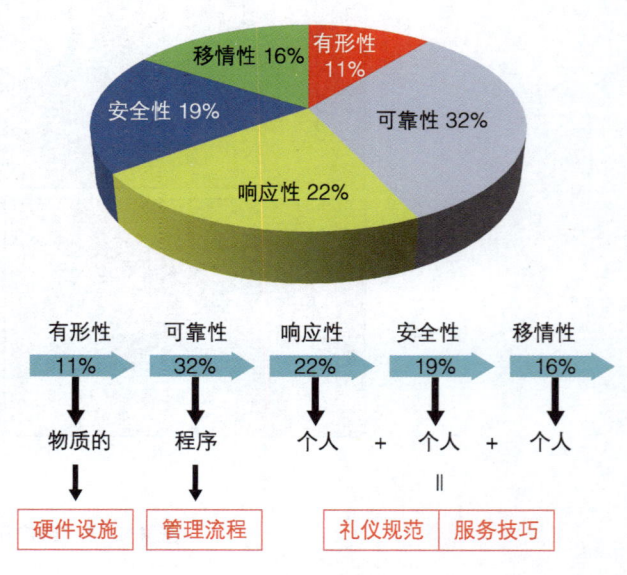

图 4-2-8　影响服务质量的因素占比

影响服务质量的因素占比如图 4-2-8 所示。

8. 客户满意度的提升

针对需要改进的客户满意度指标,提供管理制度、服务流程、硬件及人员等必要的条件。

(1) 制度

针对具体工作的体系化管理工具等,如客户管理制度、考核制度、培训制度等。

(2) 流程

针对某项具体工作步骤、标准、细则等一整套体系化的规范,如门店管理规范、交车流程、回访流程。

(3) 硬件

为完成某项工作而必须配备的,或承担辅助职能的地点/场地、设备、工具等,如交车区、客户休息区。

(4) 人员

为完成某项工作而必须的人员条件,包括编制、业务和技能要求等。

提升客户满意度可以采用 PDCA 方法进行质量和效果循环的监控。图 4-2-9 是 PDCA 循环示意图。

图 4-2-9　PDCA 循环示意图

图 4-2-10 是客户满意度提升的样例。图中客户满意度指标中"车辆清洁"得分最低,即客户抱怨车辆洗不干净,为解决这个问题,首先应列出"车辆洗不干净"的所有可能原因,然后分析哪几项是主要原因,接下来制订工作计划,针对性地解决。

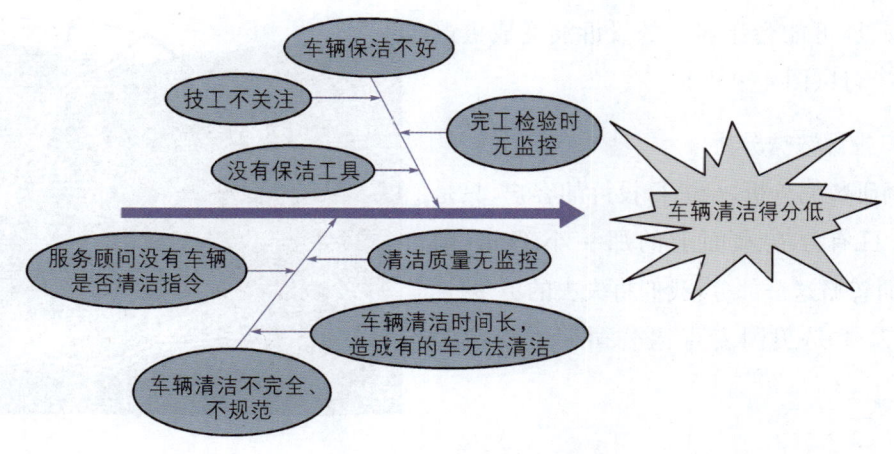

图 4-2-10　客户满意度提升的样例

五、客户投诉的处理

1. 客户抱怨与投诉的区别

客户抱怨：客户对产品或服务的不满而述说别人的过错。

客户投诉：客户对提供的服务和产品不满意,明确要求服务商负责处理或提出补偿要求,或诉求到社会其他单位协助处理。

区分客户抱怨与客户投诉,是客户是否要求结果,如图4-2-11所示。

图4-2-11 抱怨与投诉的区别　　　　图4-2-12 投诉是危险也是机会

那么客户投诉是好事还是坏事？

我们都不希望发生客户投诉,因为这说明我们的服务出了问题。但从另一个角度来看,客户会投诉,说明他/她愿意给你一个改正的机会。如果客户不投诉,而是选择"默默地离开",甚至"含恨地离开",那么我们永远不会知道自己错在哪里。甚至,可能会让客户的投诉演变成更严重的"危机"事件(图4-2-12)。

2. 客户投诉数据分析

根据调研数据分析,会进行投诉的客户,只是冰山一角,只有浮在水面上的那一小部分(图4-2-13),而忽略这一部分,我们将失去的更多！

表4-2-1是美国麦肯锡公司调查统计的数据。

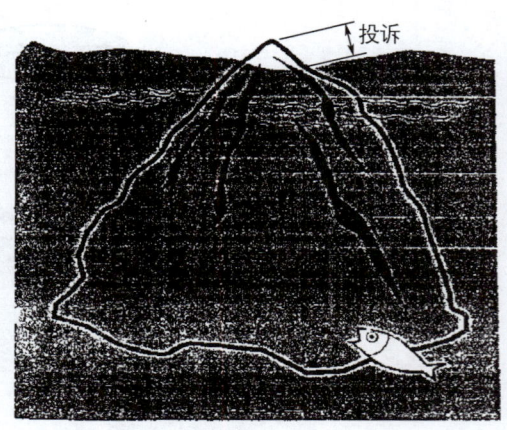

图4-2-13 投诉客户只占不满客户的小部分

表 4-2-1　客户不满意的结果调查数据

即便不满意,但仍然回头购买商品的客户比例	
不投诉的客户	9%(91%不会再回来)
投诉后没有得到解决的客户	19%(81%不会再回来)
投诉后问题得到解决的客户	54%(46%不会再回来)
投诉后问题迅速解决的客户	82%(18%不会再回来)
4%的不满意客户会投诉;96%的不满意客户不会投诉,但是他们会将不满的情绪告诉16~26个人	

以下是一组数据,供参考:

(1) 一个企业通常只能听到4%不满意客户的抱怨,其他96%内心有抱怨的客户心想:反正不会再去你那消费,干嘛还要抱怨? 换言之,一个抱怨的背后,一定暗含着24个同样的声音。

(2) 一个不满意客户离去,需要12个满意客户创造的利润才能弥补。

(3) 吸引一个新客户的成本是维护老客户成本的6倍。

3. 客户投诉原因

导致客户不满的主要原因大多数是心理层面:

(1) 不被尊重:客户感觉不受尊重。

(2) 不平等待遇:主要是因为有过去的经验作比较,大部分是由于价格、精神受到不公平的待遇。

(3) 受骗的感觉:由于门店有意的欺瞒导致客户的不满。

(4) 历史经验的累积:从以往的服务过程中累积了多次不满而产生投诉。

图 4-2-14 是客户从抱怨到投诉的演变过程。

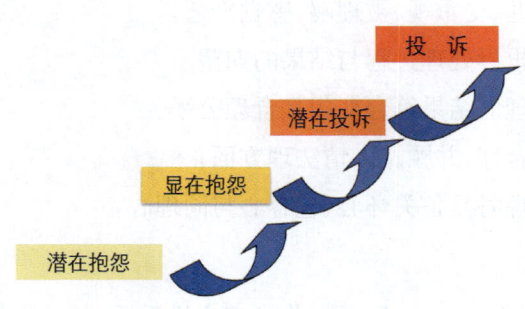

图 4-2-14　客户从抱怨到投诉的演变过程

4. 客户投诉类型

（1）服务类

① 服务质量：服务客户时，未能达到客户的期望值。

② 售后索赔：由于未明确沟通保修索赔条件等。

③ 产品质量：由于设计、制造或装配不良所产生的质量缺陷。

④ 维修技术：维修技术欠佳，未能一次修好。

（2）配件类

① 配件供应：在维修过程中，未能及时供应车辆所需配件。

② 配件价格：客户主观上认为配件价格过高或收费不合理。

③ 配件质量：由于配件的外观质量或耐久性等问题。

5. 客户投诉来源及渠道

（1）投诉来源

① 进店客户。

② 服务后3天内电话跟踪的客户。

③ 其他部门，如销售部门收到的客户反映。

④ 客户服务中心400电话。

⑤ 社会团体或消费者协会。

⑥ 其他来源。

（2）投诉渠道

① 面对面。

② 客户来电。

③ 客户信函（书面或电子邮件）。

④ 网络及其他即时通信工具。

6. 客户投诉时的期望

客户投诉时的期望需求：

① 心情上期望：受欢迎、受重视、被理解、感觉舒适。

② 结果上期望：对于投诉处理过程与结果的期望。

③ 结果公平：投诉处理的结果符合期望且合理公平。

④ 程序公平：程序上合理，并顾及人情法理方面。

⑤ 互动公平：互动处理时具备关怀心、包容心与同理心。

7. 客户投诉处理流程

客户投诉处理流程如图4-2-15所示。收到客户投诉后，相关人员必须安抚客户并填写相关的表单，根据流程处理，直至处理完成结案。

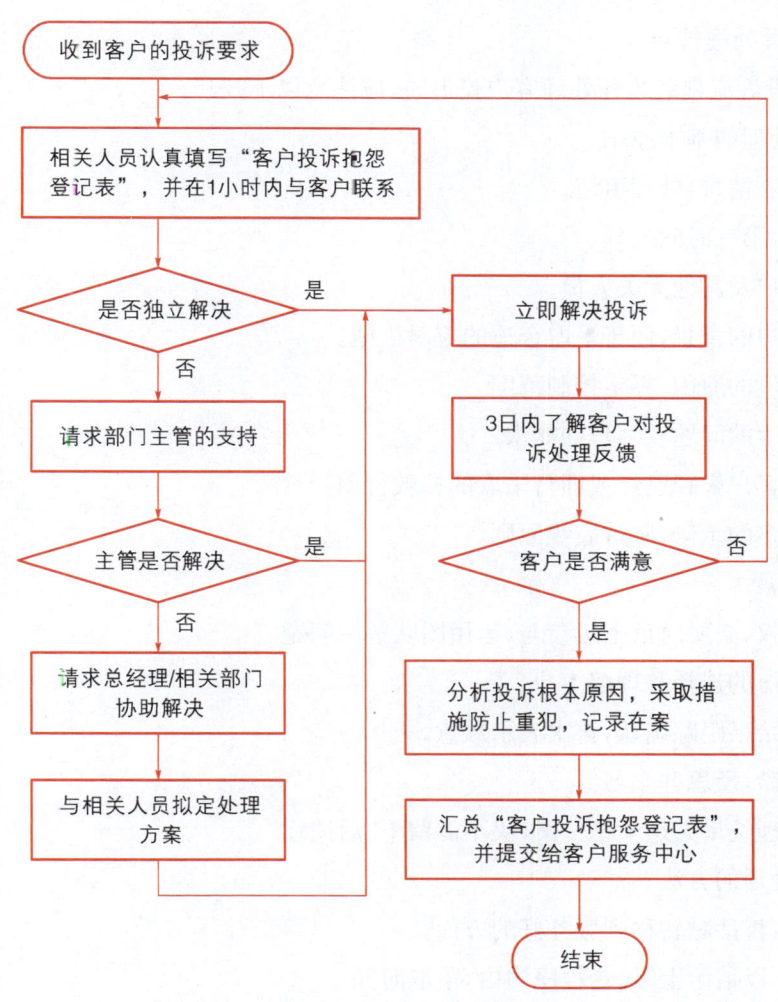

图 4-2-15 客户投诉处理流程

8. 客户投诉处理步骤

客户投诉处理的过程也是满意度重新建立的过程。图 4-2-16 是客户投诉处理步骤。

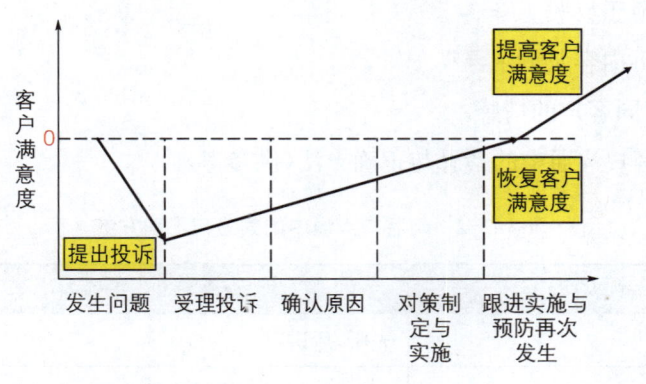

图 4-2-16 客户投诉处理步骤

9. 客户投诉处理技巧

根据客户投诉流程和步骤处理客户投诉时,应注意以下技巧。

(1) 投诉处理的基本原则

① 先处理心情,再处理事情。

② 不回避,第一时间处理。

③ 隔离客户及其他无关人员。

④ 了解客户的背景,便于采取合适的应对措施。

⑤ 探察投诉的原因,界定控制范围。

⑥ 总结发生的问题及客户的需求。

⑦ 及时向客户解释已经或即将采取的补救行动。

⑧ 不做过多的承诺,坚持底线原则。

⑨ 争取双赢。

⑩ 取得授权,必要时请上级参与,运用团队解决问题。

⑪ 感谢客户的选择和理解。

⑫ 对处理结果跟踪确认,再次表示歉意。

⑬ 总结经验,反思并学习。

⑭ 投诉处理结果必须了结个案,决不能留下"后遗症"。

(2) 投诉处理的方法

① 转移法:将话题转移到服务好的方面。

② 拖延法:以请示上级、走程序为由,争取时间。

③ 否认法:对所陈述的事实有明显的差异,应采取否认法。

④ 预防法:在预估事情可能发生时,先给予提醒。

(3) 投诉处理中的沟通技巧

① 善用提问发掘客户的不满。

② 认真倾听,并表示关怀。

③ 不要抢话并急于反驳。

④ 再次确认投诉内容及诉求。

⑤ 表示歉意,认同客户的情感。

表 4-2-2 是与客户沟通中的禁忌与正确方法(供参考)。

表 4-2-2 与客户沟通中的禁忌与正确方法

禁忌	正确方法
立刻与客户讲道理	先听,后讲
急于得出结论	先解释,不要直接得出结论
一味地道歉	道歉不是办法,解决问题才是关键

(续表)

禁忌	正确方法
言行不一,缺乏诚意	说到做到
这是常有的事	不要让客户认为这是普遍性问题
你要知道,一分钱,一分货	无论什么样客户,我们都提供同样的优质服务
绝对不可能	不要用武断的口气
这个我们不清楚,你去问别人吧	为了您能够得到更准确的答复,我帮您联系×××来处理好吗?
这个不是我负责的,你问别的部门吧	
公司的规定就是这样的	为了保证您的车辆安全,所以公司制定了这样的规则
信息沟通不及时	及时沟通信息
随意答复客户	确认了准确信息再回复客户

10. 客户投诉处理的角色划分

客户投诉处理中,企业的各部门和人员要"扮演"不同的角色,必要时要有所谓的"背锅侠"和"唱红脸""唱白脸"等。

图4-2-17是投诉处理的角色划分。

图4-2-17 投诉处理的角色划分

11. 典型客户的应对办法

实际的客户投诉处理工作中,会遇到各种类型的客户,对应不同类型的客户需要采取不同的应对方法。

需要说明的是,客户投诉处理通常没有"标准答案",而要根据实际情况"见招拆招",尽量做到"双赢",既平息了事态又皆大欢喜,而且没有留下"后遗症"。

以下介绍各种典型客户及应对方法供参考。

(1) 宣泄型客户

特征：宣泄型客户(图4-2-18)来店抱怨发泄是其主要目的之一，客户本身并没有明确的目的索取赔偿或者歉意，只是借机发泄对某些认为不合理又无法说出口的事情的不满，比如加价购买车辆，超出保修期的维修，保养费用过高的抱怨。

应对方法：耐心倾听，等客户自己平静，安抚情绪，适当给予其他方面的优惠，平衡客户心理。

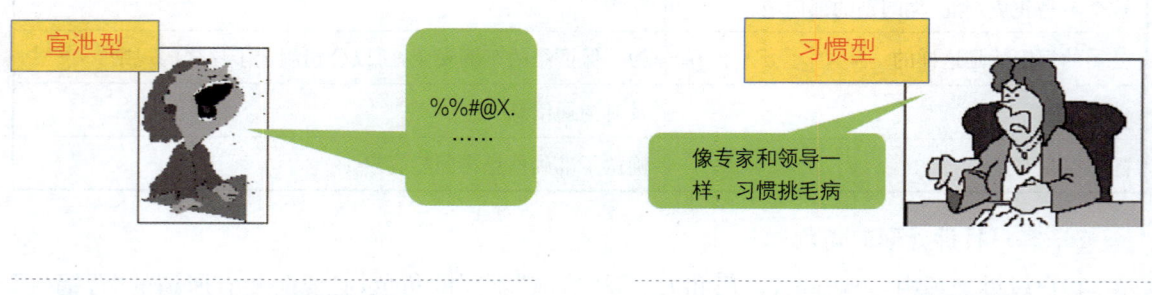

图4-2-18　宣泄型客户　　　　　　图4-2-19　习惯型客户

(2) 习惯型客户

特征：习惯型客户(图4-2-19)像专家、领导或者长者一样，职业或生活养成他习惯于挑毛病或指出不足；客户本身并没有什么特别的不满，总喜欢表现自己见多识广和高人一等。

应对方法：用谦虚、尊敬的态度，耐心听取客户意见；表现出立即要行动的姿态；尝试请客户给出建议，满足客户虚荣心。

(3) 被迫型客户

特征：被迫型客户(图4-2-20)本身并没有什么大的抱怨，或者对门店的处理可以接受，但客户的上司、家人或者朋友有很多意见、建议，客户夹在中间进退两难，不得已做出投诉。

图4-2-20　被迫型客户

应对方法：动之以情，晓之以理，使客户做出自己的判断；给客户向他人解释的依据，让客户帮着说话；直接和客户的上司、家人、朋友对话，说明真实情况。

(4) 秋菊型客户

特征：秋菊型客户(图4-2-21)和电影《秋菊打官司》中的"秋菊"一样"较真"。不管问题大小，无论如何也要讨个说法，甚至宁愿自己承担鉴定所需费用也在所不惜，精力充沛、坚韧不拔。更麻烦的是，甚至不知道他/她想要的"说法"到底是怎样的"说法"？

应对方法：最难处理的客户，但一旦处理成功，同样会对你不离不弃。委婉但明确地让客户了解处理的底线，降低客户的期望值；收集足够的依据，重塑客户期望值；可请客户信任的第三方参与，一起劝导客户；给予一定的补偿；如有机会就要当机立断，快速解决；做好持久战的准备。

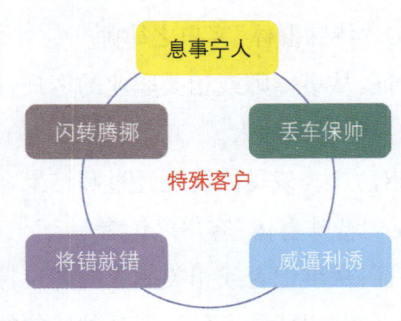

图 4-2-21　秋菊型客户　　　　　　　图 4-2-22　秋菊型客户应对策略

如果遇到秋菊型客户采取必要的应对策略如图 4-2-22 所示。

① 息事宁人

适当缩减利润或者付出成本，即：

在可容许范围为免工时费，零部件费打折，送精品等；

避免广告效应，以及不必要的麻烦甚至灾难发生；

服务礼仪要到位，对客户表示理解，表示歉意，晓之以理，诚心相助；

不要忽略感情投资，与客户进行感情沟通。例如，可采用以下话术：

为了使这个问题得到解决，最好的方法是……

这样对您没有好处，您工作很忙，还要用车，与其……不如……

② 丢车保帅

"丢车"冤枉：在可容许范围内免工时费，零部件费打折或免费，质量保修期协定，赠送精品等，不要太早亮出底牌，否则将难以满足客户。

"帅"更值钱：避免广告效应，使品牌、企业声誉受损，以及不必要的麻烦甚至灾难发生。

服务礼仪到位，不要忽略感情投资。

③ 威逼利诱

"威逼"要有依据：按国家政策/法规，汽车维修行业规则先维修后更换，等等。

威而不用：经过调查，掌握有利的证据，维修周期拖得越久，客户损失越大。

利中要害：红脸白脸交替进行，利诱要有针对性，以减少客户的损失。

④ 将错就错

以"过程"推断责任：详细记录处理过程，避免纠纷，动之以情，晓之以理，求心服，不求口服。

以"解决"摆脱困境：对事不对人，不要抓住客户"把柄"不放，"穷寇"勿追，点到为止，一定要提供具体的问题解决方案。

⑤ 闪转腾挪

对于确实难以解决的问题，或客户无理取闹，不愿冷静沟通的情形，有以下策略：

避其锋芒："粘"得住，"拖"得起，耐心解释，"拖"之有道，多谈大原则，少谈实际方案。

挫其锐气:威逼利诱,小步幅,少退让,以时间换取转机。

(5)"特殊群体"客户之律师

特征:从事律师或相关职业的客户,以伸张"正义"为己任的人,"拿人钱财,替人消灾",会利用特殊身份恐吓的人。

应对方法:谈具体处理经过和结果,不谈法律。如果要谈法律,请律师和律师谈。

(6)"特殊群体"客户之记者

特征:从事记者或相关职业的客户,以传播"真相"为己任的人,以个人情感和利益代替客观报道的人,利用特殊身份达到某种目的的人。

应对方法:正面肯定我们一直在关注并积极处理,侧面解释原因,尽量少说少表态(防止录音录像)。

12. 预防客户投诉的方法

最好的解决客户投诉的办法就是不让投诉发生,及时察觉客户哪怕细微的不满意,比客户考虑得更多,把小小的不满意或者抱怨扼杀在萌芽状态。

图 4-2-23 是预防客户投诉的方法。

预防客户投诉的要点:

(1)服务工作标准化并落实到位

① 贯彻服务核心流程并控制关键点。

② 提升维修质量。

③ 监控产品质量。

④ 检查日常工作并改进。

(2)建立预防投诉的措施和机制

① 落实首问责任制。

② 畅通的客户反馈/投诉渠道。

③ 高效的投诉处理流程。

④ 应急预案和快速反应。

⑤ 定期回顾、案例复盘与经验总结。

(3)提升服务人员能力和技巧

① 识别客户类型,把握客户期望。

② 重视客户要求,掌握客户变化。

③ 定期组织培训,提升员工处理抱怨/投诉的技巧和能力。

④ 积极的态度,不逃避,不推卸,不隐瞒。

(4)建立客户关怀体系

建立客户关怀体系,包括客户档案管理、客户回访、客户关怀等相关的制度和流程,并真正贯彻落实。

图 4-2-23 预防客户投诉的方法

六、客户投诉管理制度

以下介绍客户管理和投诉相关的管理制度。

客户管理投诉管理制度细则

1. 为进一步加强客户投诉的管理,规范处理投诉程序,充分发挥客户投诉的监督效能,推进公司服务质量和水平的不断提高,特制定本规定。

2. 客户投诉是指客户针对公司在经营中发生或存在的服务问题,以来信、来访、来电以及公司主动回访等形式,直接或间接反映情况,并要求解决并予以回复、反馈的行为。客户包括单位客户、个人客户等由公司提供业务服务的所有对象。

3. 公司客户投诉处理机构设立三个行政级别,实行逐级处理。各职能部门为客户投诉的一级责任单位;运营管理部(客户服务中心)为处理客户投诉的管理部门,客户投诉的领导管理工作由运营管理部负责;公司领导层为处理客户投诉的最高管理级别单位。

4. 客户投诉处理内容和流程

(1) 记录投诉内容。

填写"客户投诉登记表",详细记录客户投诉的全部内容,如投诉人、投诉发生地、投诉时间、投诉类型、投诉方式、投诉内容、投诉要求、投诉级别等。

(2) 确定投诉处理责任部门。

根据客户投诉的内容,确定相关的具体受理单位和受理负责人,并转送处理责任部门。

(3) 判断投诉是否成立。

了解客户投诉的内容后,由处理责任部门判定客户投诉的理由是否充分,投诉要求是否合理。

(4) 责任部门调查投诉原因。

查明客户投诉的具体原因及造成客户投诉的责任人,并在"客户投诉登记表"做出相应记录。

(5) 提出处理方案。

(6) 提交上级主管领导批示。

(7) 实施处理方案,处罚直接责任者,通知客户,并尽快收集客户的反馈意见。对直接责任者和部门主管要按照有关规定进行处罚,依照投诉所造成的损失大小,扣罚责任人一定比例的绩效工资。

(8) 分析、总结并提出规避投诉问题方案。

对投诉处理过程进行分析与总结,吸取经验教训,提出改进对策,不断完善公司经营管理和业务运作,以提高客户服务质量和服务水平,降低投诉率。

另外要做好各种预防工作,不断提高全体员工的素质和业务能力,树立全心全意为客户服务的思想,加强公司内外部的信息交流,使客户投诉防患于未然。

5. 客户投诉类别划分级受理方式

(1) 按客户投诉的内容划分,分为车辆质量问题投诉、事故投诉、服务投诉、汽车销售服务投诉、汽车售后服务投诉和其他服务环节投诉。

(2) 按客户投诉的有效性划分,分为有效投诉和无效投诉两类。

① 经调查核实,确认客户投诉情况属实,且投诉问题确属我方过错或责任的,为有效投诉。

② 经调查核实,我方当事人依法合规操作、礼貌待客,无明显过错和责任的,引发投诉系出于客户误解或问题的发生确属客户方过错和责任的,由投诉管理部门认定后应为无效投诉。

(3) 按客户投诉的方式划分,分为当面投诉、书面投诉和电话投诉(含回访)三类。

① 当面投诉,包括客户本人或代理人来我公司直接质询有关部门或负责人,当面提出服务问题和投诉要求,也包括客户与我公司服务人员以工作方式接触时,当面向我公司人员反映情况和问题。

② 书面投诉,是指客户以信件、电子邮件或直接提交文字材料所提出的投诉。

③ 电话投诉,是指客户拨打售后服务热线或致电我公司内任一机构或部门所进行的投诉,也包括公司主动回访获取的客户投诉信息。

(4) 按照客户投诉的影响力和处理的时效性划分,分为重大投诉、紧急投诉和普通投诉。

① 重大投诉:客户的投诉内容因本公司的重大失误或直接对我公司正常业务经营和社会形象造成恶劣影响的,应列为重大投诉。

受理:对于重大投诉,公司领导应高度重视,相关领导人要在第一时间赴现场,并根据实际情况,采取一切可能的措施,挽回已经出现的损失。

② 紧急投诉:客户提出急需解决的问题,如不及时解决就可能在公司内部或其他环境发生争执、吵闹等情形,对我公司正常业务经营和社会形象造成负面影响的,应列为紧急投诉。

受理:对紧急投诉要尽快提出处理方案,及时受理。

③ 普通投诉:客户投诉只是一般性反映情况或提出建议及改进意见等,属于普通投诉。

受理:对这类投诉一般在受理后3天内予以答复。

处理客户投诉的原则

1. 依法维护双方共同权益的原则。

在处理客户投诉时,要做到依法行事,既不能损害公司的利益,又不损害客户的利益;既要维护公司的声誉和形象,又得平息客户的怨气和不满;既要补偿客户的损失,维护客户的利益,又不能无原则地答应客户的赔偿要求,使公司的利益受到损害。

2. 欢迎客户监督,坚持客户至上的原则。

客户的投诉对公司的不足之处给予了反馈,给企业一个改进的机会,能使企业的服务得到改善和提高。因此,对投诉客户应持感激和欢迎的态度,使客户相信投诉会得到重视和妥善的解决。同时,在处理客户投诉,要采取耐心细致、有理有节的态度,把握"以客户为中心",用热情的态度对投诉客户表示出真诚的关心。

3. 及时处理的原则。

对于客户投诉,各部门应通力合作,迅速做出反应,力争在最短时间全面解决问题,给客户一个圆满的结果;否则,拖延或推卸责任,会进一步激怒投诉者,使事情进一步复杂化。

处理客户投诉规定

1. 受理客户投诉实行首问负责制。全公司各级单位、各级部门应无条件承担受理客户投诉的责任和义务,各级单位和部门接到客户来信、来电、来访提出投诉的,要积极主动受理,不得推诿;在本部门职责范围内能够解决的投诉问题,要及时解决并予以答复;投诉问题不属于本部门解决范围或必须协调其他部门解决的,要及时主动联系投诉管理部门和相关部门予以解决,并主动向客户说明情况。投诉管理部门在处理投诉过程中,需有关机构和部门协调或参与的,有关机构和部门要积极配合。

2. 受理客户投诉须统一填制"客户投诉登记表",并由投诉管理部门在投诉处理后存档。

3. 投诉受理人应在第一时间填制"客户投诉登记表",及时记清客户的意见,并详细准确记录客户姓名、车牌号、电话、事件、时间等,对于当时可以解决、回复的问题应即时处理,并向有关责任机构(部门)汇报。受理重大、紧急投诉,还须立即与有关责任机构(部门)电话联系,落实承办人员,并跟踪督促处理。

4. 有关责任部门接到"客户投诉登记表"后,应按处理级别、处理时限要求,及时询问当事人,走访客户,核实投诉情况,认定投诉性质,依据有关规定进行处理。调查情况及处理结果一并填入"客户投诉登记表",并经负责人签字确认。

5. 对无效投诉的处理,应耐心细致地做好对客户的解释工作,稳定客户情绪,避免矛盾激化。对有效投诉的处理,在充分调查了解事实的基础上,要主动承担责任,责任单位及责任人要主动向客户道歉,征得客户谅解,并将问题的处理结果向客户反馈,做好善后工作,争取达到客户满意。同时要加强整改工作,避免类似问题再次发生。

6. 凡因服务问题被有效投诉到行业监管部门,或被新闻媒体公开曝光形成不良影响的,被投诉部门的领导应迅速组织力量,认真调查核实,对有关责任人加重处理,并将调查情况、处理结果及整改措施专题报告书面报公司决策层。

7. 对投诉问题责任人,除责令其向客户赔礼道歉外,还应做出书面检查。情节严重的依照相关的处罚制度处理,同时追究有关负责人的领导责任。

8. 投诉管理部门须定期或随机对已处理的客户投诉进行回访。凡有效投诉,因公司处理不当致使客户再次投诉,要责令有关机构(部门)立即处理,并追究有关人员的责任。

9. 各级管理部门应结合服务检查,定期对客户投诉情况进行归纳整理和分析研究,提出加强和改进投诉管理工作的意见或建议,并以"投诉情况分析报告"形式上报上一级管理部门。

10. 对于客户投诉问题,领导应予以高度重视,主管领导应对投诉处理方案审核,及时做出批示。

七、客户管理思考、讨论及模拟演练

根据以下情境,结合场地、人员及其他条件,进行思考、讨论及模拟演练。

情境一： 汽车维修企业一定要设置客户服务中心吗？

市场环境恶劣,劳动力成本高,大型/连锁企业才设置专职的客服中心。独立/小型的综合维修企业没法设置客服中心,但如何实现客服中心的职能？

请根据本企业的特点组织讨论。

情境二： 如何建立准确的客户档案？

客户档案里,10多个"刘姐""张哥",哪个才是您要找的车主？路虎 vs 陆虎,帕莎特 vs 帕萨特,您确认您的系统里的车型数据是真实的？如何建立采集客户信息,准确建立客户档案,并及时更新？

您所在的企业是否存在这种情况？请根据所学的知识组织讨论。

情境三： 客户需要分三六九等吗？

客户档案数量不少,1年内也来过,但不是来做保养,而是故障维修。

都说客户是"上帝",到您这里喝茶,到别人那里修车,这样的"上帝"怎样才能顾及到您？

您所在的企业是否存在这种情况？请根据所学的知识组织讨论。

情境四： 客户相关数据的计算。

1. 基础客户(年度)：1年内企业拥有的有效(进店并消费)客户数量。

计算：从维修管理系统导出。

$$有效客户 = 年度总客户 - 重复客户 - 死亡客户 - 搬迁客户$$

2. 新增客户：一个周期(月、季、年)第一次到店客户数量。

计算：从维修管理系统统计。

3. 流失客户：6个月、9个月、12个月不到店的客户。

计算：从维修管理系统统计。

4. 净增客户

计算：从维修管理系统导出。

$$同一周期内新增客户 - 流失客户。$$

5. 进厂台次需求量预算。

以中高端车型为例。

机电工位：　　　　工位数×周转频次(2～3)＝ 进店台次

钣喷工位：　　　　工位数×周转频次(0.75～1)＝ 进店台次

请计算本企业以上1—5的数据并组织讨论。

情境五： 如何提升您企业的客户满意度？

我们都知道只有满意的客户才会做转介绍,不满意的客户会引发投诉,甚至流失！

但是怎样才能获取真实的客户满意度,及时拦截流失的客户,并用"老带新"的方式获取更多的优质客户?

请根据本企业的特点组织讨论。

情境六: 如何处理客户的投诉?

1. 既然"客户是上帝",那"上帝"的无理要求您也满足吗?

2. 一个优秀的服务人员,需要"见人说人话,见鬼说鬼话",但关键是如何识别是"人"是"鬼",如何把"鬼"变成"人"?

3. 不要让"不满意"变成"抱怨",不要让"抱怨"变成"投诉",更不要让"投诉"变成"危机"!

4. "危机"是危险,也是机会!

请根据本企业的特点组织讨论。

情境七: 客户案例分析与演练。

服务顾问/客服人员扮演者要求:基于情境中为服务顾问所提供的信息来准备角色扮演。

客户扮演者要求:基于情境中为客户类型及场景所提供的信息来准备角色扮演。

投诉处理程序:

(1) 按步骤处理投诉,并执行投诉政策。

(2) 了解客户的感受和情况,并提出建议。

利用您学到的技能:

(1) 接待技能。

(2) 以前的工作经验。

案例1: 一名客户到厂里做四轮保养,完工交车时说前保险杠有碰撞痕迹,指责维修技师将车辆碰坏,要求赔偿,并且态度恶劣。服务顾问调出接车单,记录中前保险杠已经有损伤的标识,客户也签字了。但客户反而更生气,说他知道车以前确实碰了,但伤痕没这么大。

问:如果您负责处理,如何解决?

案例2: 一名客户到厂里维修门锁,第二天回厂,说门锁又坏了,车上一个包丢了,内有2 000元,要求赔偿。经维修技师检查,门锁确实无法上锁。

问:如果您负责处理,如何解决?

案例3: 一辆老款本田车,客户到店更换刹车片。交车时发现ABS灯亮了,读故障码是ABS总泵故障。客户说来的时候灯没亮,要求免费修好。查阅接车单,服务顾问并没有标注仪表故障灯的显示情况。

问:如果您负责处理,如何解决?

模块五

汽车保险事故车服务流程

本模块介绍汽车保险事故车服务流程,包括以下两个单元:

单元一　汽车保险基本知识;

单元二　汽车保险事故查勘、定损与理赔流程。

通过本模块的学习,掌握保险与汽车保险的相关知识,以及汽车保险事故车辆查勘、定损与理赔流程的内容和要点

单元一　汽车保险基本知识

一、保险与汽车保险

1. 保险

（1）保险的定义

保险是在一定生产方式下的经济补偿机制和制度，它和我们日常生活中理解的"稳妥""有把握"的保险含义不同。"保险"作为专业术语，是从英文 insurance 或 assurance 翻译而来。1835年英国人在广东开设了第一家保险公司后，当地人习惯根据音译把 insurance 称为"燕梳"。后来，日本人把它意译为保险传到中国，后来就借用了这个译名。

保险是指投保人根据合同约定，向保险人支付保险费，保险人对于合同约定的可能发生的事故因其发生所造成的财产损失承担赔偿保险金责任，或者当被保险人死亡、伤残、疾病或者达到合同约定的年龄、期限时承担给付保险金责任的商业保险行为。

（2）保险的特征

保险具有以下特征：

① 经济性。保险是一种经济保障活动。保险经济保障活动是整个国民经济活动的一部分，其保障的对象财产和人身都直接或间接属于社会再生产的生产资料和劳动力两大经济要素。

② 商品性。保险体现了一种等价交换的经济关系，也就是商品经济关系。

③ 互助性。保险在一定条件下，分担了个别单位和个人所不能承担的风险，从而形成了一种经济互助关系。

④ 法律性。从法律角度看，保险是一种合同行为。

⑤ 科学性。保险是一种科学处理风险的有效措施。

（3）保险的要素

保险的要素是指进行保险经济活动所应具备的基本条件。一般情况下，现代商业保险包括以下五大要素：

① 可保风险的存在。风险虽多，但有些风险保险人是不能接受的，只有符合保险人承保条件的风险，保险人才可以接受。

② 大量同质风险的集合与分散。保险人通过保险将众多投保人所面临的分散性风险集合起来，当发生保险责任范围内的损失时，又将少数人发生的风险损失分摊给全部投保人，也就是通过保险的补偿或给付行为分摊损失，将集合的风险予以分散。

③ 保险费率的厘定。保险作为一个比较特殊的产品,也必须制定其价格,即厘定其费率。保险费率由纯粹率和附加率组成,纯粹率是根据保险标的所面临的风险程度而厘定的,附加率是根据保险经营的成本和保险人应得的利润而厘定的。

④ 保险基金的建立。保险基金是保险分摊损失和补偿功能的物质基础,只有建立了雄厚的保险基金,保险才能发挥其损失补偿和经济给付的职能。保险基金的主要来源是保险公司的开业基金和保险费收入,并以保险费收入为主。

⑤ 保险合同的订立。保险作为一种复杂的经济关系,必须通过法律形式固定,这就是保险合同。保险合同的订立利于保护合同相关人员的权利实现。

(4) 保险的名词解释

① 四种保险合同直接人。

投保人,是保险合同的一方当事人,与保险人订立保险合同并按照合同负有支付保险费义务的人。

被保险人,是指其财产或者人身受保险合同保障,享有保险金请求权的人。

保险人,作为保险合同的一方当事人,是指与投保人订立保险合同并承担赔偿或者给付保险金责任的保险公司。

受益人,是指人身保险合同中由被保险人或者投保人指定的享有保险金请求权的人。

② 三种保险活动辅助人。

保险代理人,是根据保险人的委托,向保险人收取代理手续费,并在保险人授权的范围内代为办理保险业务的单位或者个人。

保险经纪人,是基于投保人的利益,为投保人与保险人订立保险合同提供中介服务,并依法收取佣金的单位。

保险公估人,是为保险合同中保险人或被保险人办理保险标的的查勘、鉴定、估损、赔款理算并予以证明的受委托人。

③ 保险费,是指投保人为转嫁风险支付给保险人的与保险责任相对应的价金。

④ 保险标的,是指作为保险对象的财产及其有关部利益或者人的寿命和身体。

⑤ 保险价值,是指保险标的的价值,也是投保人对保险标的所拥有的保险利益的价值观。

⑥ 保险金额,是指保险人承担赔偿或者给付保险金责任的最高限额。

⑦ 保险利益,是指投保人对保险标的具有的法律上承认的利益。

(5) 保险的分类

保险有按保险的性质、保险的标的、保险的实施方式三种分类方式。

① 按保险的性质可分为商业保险、社会保险和政策保险。

商业保险,是指投保人与被保险人订立保险合同,根据保险合同约定,投保人向保险人支付保险费,保险人对可能发生的事故因其发生所造成的损失承担赔偿责任,或者当被保险人死亡、疾病、伤残或者达到约定的年龄期限时给付保险金责任的保险。目前,一般保险公司经营的财产保险、人身保险、责任保险、保证保险均属商业保险性质。

社会保险,过去我国称为劳动和社会保险,是社会保障的重要组成部分,是指国家通过立法对社会劳动者暂时或永久丧失劳动能力或失业时提供一定的物质帮助以保障其基本生活的社会保障制度。

政策保险,是指政府由于某项特定政策的目的以商业保险的一般做法而举办的保险。例如,为辅助农牧、渔业增产增收的种植业保险;为促进出口贸易的出口信用保险。

② 按保险的标的可分为财产保险、责任保险、信用保证保险和人身保险。

保险标的,或称"保险对象",是指保险合同中所载明的投保对象。

财产保险,是指以各种有形财产及其相关利益为保险标的的保险,保险人承担对各种保险财产及相关利益因遭受保险合同承保责任范围内的自然灾害、意外事故等风险,因其发生所造成的损失负赔偿责任。财产保险的种类繁多,汽车保险属于其中运输工具保险,是指承保海、陆、空、内河各种运输工具在行驶和停放过程中所发生的各种损失。主要包括船舶保险、汽车保险、飞机保险等。

责任保险的标的是被保险人依法应对第三者承担的民事损害赔偿责任。在责任保险中,凡根据法律或合同规定,由于被保险人的疏忽或过失造成他人的财产损失或人身伤害所应付的经济赔偿责任,由保险人负责赔偿。

信用保证保险的标的是合同双方权利人和义务人约定的经济信用。信用保证保险是一种担保性质的保险。

人身保险是以人的身体或生命作为标的的一种保险。人身保险以伤残、疾病、死亡等人身风险为保险内容,被保险人在保险期间因保险事故的发生或生存到保险期满,保险人依照合同规定对被保险人给付保险金。由于人的价值无法用金钱衡量,具体的保险金额是根据被保险人的生活需要和投保人所支付的保险费,由投保人和保险人协商确定。人身保险主要包括人寿保险、健康保险和人身意外伤害保险。

③ 按保险的实施形式可分为强制保险与自愿保险。

强制保险,又称法定保险,是指国家对一定的对象以法律或行政法规的形式规定其必须投保的保险。例如,汽车交强险即属于这类型的保险。

自愿保险,又称任意保险,是由投保人和保险人双方在平等自愿的基础上,通过协商订立保险合同并建立起保险关系的。在自愿保险中,投保人对于是否参加保险,向哪家保险公司投保,投保何种险别,以及保险金额、保险期限等均有自由选择的权利。在订立保险合同后,投保人还可以中途退保,终止保险合同。至于保险人也有权选择投保人,自由决定是否接受承保和承保金额。在决定接受承保时,对保险合同中的具体条款,如承保的责任范围、保险费率等也均可通过与投保人协商决定。自愿保险是商业保险的基本形式。

2. 汽车保险

(1) 汽车保险的定义

汽车保险也称车辆保险,即机动车辆保险,简称车险,是指对机动车辆由于自然灾害或意外事故所造成的人身伤亡或财产损失负赔偿责任的一种商业保险。汽车保险是财产保险的一种,在财产保险领域中,汽车保险属于一个相对年轻的险种,这是由于汽车保险是伴随着汽车的出现和普及而产生和发展的。

汽车保险初期是以汽车的第三者责任险为主险的,并逐步扩展到车身的碰撞损失等风险。

(2) 汽车保险的特点

汽车保险的基本特点,可以概括为以下四点。

① 保险标的出险率较高

汽车是陆地的主要交通工具。由于其经常处于运动状态,总是载着人或货物不断地从一个地方开往另一个地方,很容易发生碰撞及意外事故,造成人身伤亡或财产损失。由于车辆数量的迅速增加,一些国家的交通设施及管理水平跟不上车辆的发展速度,再加上驾驶人的疏忽、过失等人为原因,交通事故发生频繁,汽车出险率较高。

② 业务量大,投保率高

由于汽车出险率较高,汽车的所有者需要以保险方式转嫁风险。各国政府在不断改善交通设施、严格制定交通规章的同时,为了保障受害人的利益,对第三者责任保险实施强制保险。保险人为适应投保人转嫁风险的不同需要,为被保险人提供了更全面的保障,在开展车辆损失险和第三者责任险的基础上,推出了一系列附加险,使汽车保险成为财产保险中业务量较大、投保率较高的一个险种。

③ 扩大保险利益

汽车保险中,针对汽车的所有者与使用者不同的特点,汽车保险条款一般规定:不仅被保险人本人使用车辆时发生保险事故保险人要承担赔偿责任,而且凡是被保险人允许的驾驶人使用车辆时,也视为其对保险标的具有保险利益,如果发生保险单上约定的事故,保险人同样要承担事故造成的损失,保险人须说明汽车保险的规定以"从车"为主,凡经被保险人允许的驾驶人驾驶被保险人的汽车造成保险事故的损失,保险人须对被保险人负赔偿责任。

此规定是为了对被保险人提供更充分的保障,并非违背保险利益原则。但如果在保险合同有效期内,被保险人将保险车辆转卖、转让、赠送他人,被保险人应当书面通知保险人并申请办理批改。否则,保险事故发生时,保险人对被保险人不承担赔偿责任。

④ 被保险人自负责任与无赔款优待

为了促使被保险人注意维护、养护车辆,使其保持安全行驶技术状态,并督促驾驶人安全行车,以减少交通事故,保险合同上一般规定:驾驶人在交通事故中所负责任,车辆损失险和第三者责任险在符合赔偿规定的金额内实行绝对免赔率;保险车辆在保险期限内无赔款,续保时可以按保险费的一定比例享受无赔款优待。以上两项规定,虽然分别是对被保险人的惩罚和优待,但要达到的目的是一致的。汽车保险具有广泛性、差异性、保险标的可流动性、出险频率高等特点。

二、汽车保险的投保

汽车保险的投保是指对保险车辆有保险利益的一方,如汽车的所有者等购买汽车保险的过程。

1. 汽车保险投保流程图

汽车保险投保应根据保险公司规定的流程进行,汽车保险流程如图 5-1-1 所示。

汽车维修门店(企业)代理的汽车保险销售业务,应结合门店自身及保险公司的投保流程进行。图 5-1-2 是某企业保险销售服务流程。

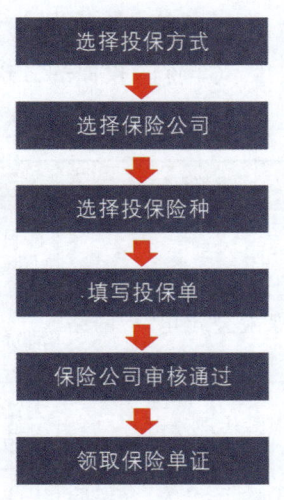

图 5-1-1　汽车保险流程

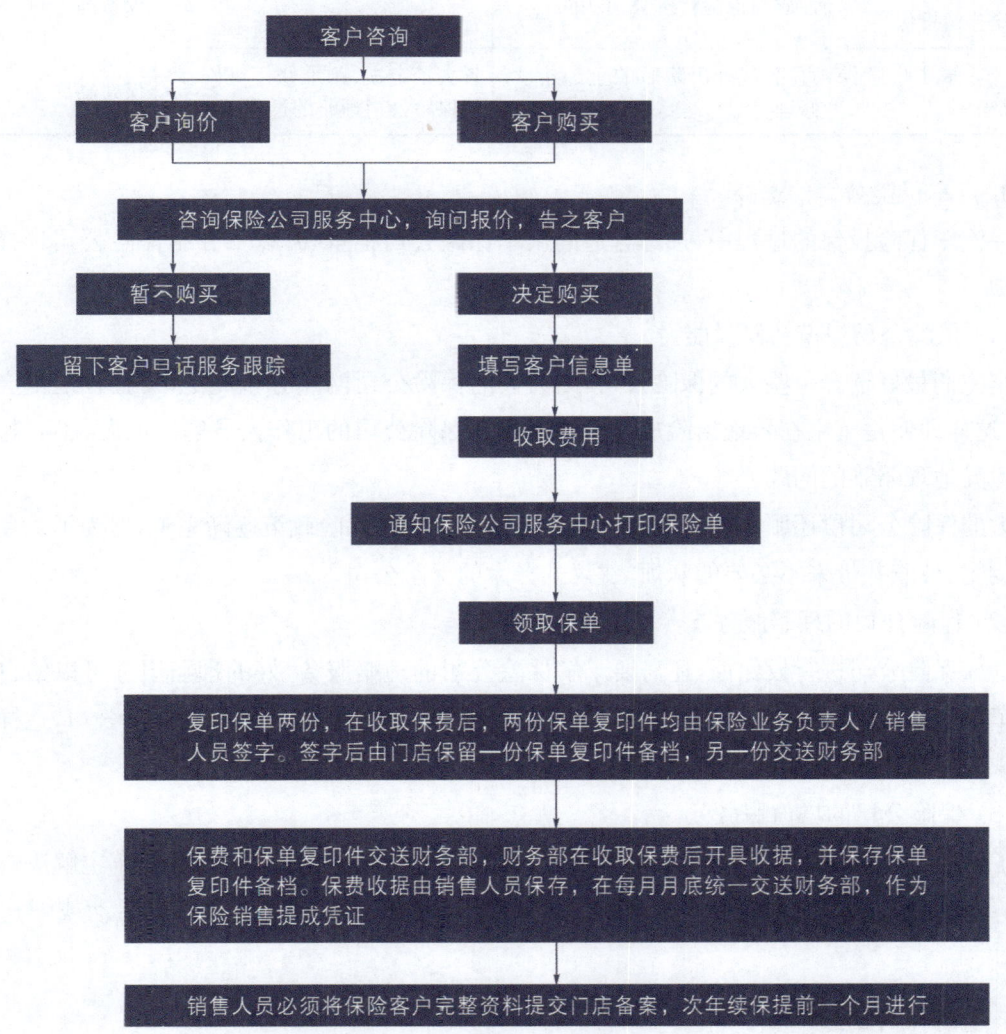

图 5-1-2　某企业保险销售服务流程

2. 汽车保险投保方式

汽车保险投保的方式很多,表 5-1-1 列出了投保的方式及各种方式的优缺点。

表 5-1-1 汽车保险的投保方式

投保方式	特点	优点	缺点
保险公司	有自己公司的产品,并出售保险产品	能选择更适合自己的保险产品,折扣高,避免被误导	办理手续相对比较麻烦
保险公司电话/网络营销	消费者直接与保险公司沟通	折扣高,避免被误导,投保方式有保障	出险后需要消费者自己联系解决
保险代理公司	无产品;代理各个保险公司的产品	折扣高,价格低,上门服务	出险理赔时很多承诺无法兑现
保险经纪公司/保险经纪人	无产品;代理各个保险公司的产品;提供保险方案	可横向比较各公司产品,量身定做保险方案	保费高
4S 店/综合维修厂代理保险公司投保	性质与保险代理公司相同	出险赔偿时可以通过 4S 店/综合维修厂报案	保费高
4S 店/综合维修厂保险直赔	直赔,代办出险后的全部赔偿、修理等	省去了定损、跑维修厂维修、等待保险公司理赔的过程	保费高

3. 汽车保险公司的选择

在汽车保险投保的过程中,选择合适的汽车保险公司很重要,以下介绍保险公司选择的注意事项。

(1) 保险公司规模及偿付能力

车主们最好选择一些大的保险公司,因为大的保险公司网点分布广泛,而且各地都会有分公司,这样即使是车主在异地出险也可以快速找到保险公司的工作人员解决问题,不必担心本地出险异地理赔难的问题。

大的保险公司偿还服务能力较强。虽然目前国家相关保险政策逐渐完善,但为了避免保险公司倒闭、被兼并带来不必要的麻烦,建议选择大的保险公司。

(2) 保险公司的理赔服务

选择保险公司进行投保前,还需要了解保险公司的理赔服务,好的理赔服务可以给自己以及爱车更多的保障,车主们应尽量选择理赔速度比较快、理赔服务比较好的保险公司,这样可以尽量减少理赔纠纷,避免耽误时间。

(3) 保险公司的增值服务

了解所选择的保险公司有没有增值服务,因为好的增值服务项目可以帮助车主解决燃眉之急(如免费施救、赠送维修项目等),而且有的保险公司还会不定期推出优惠活动或赠送小礼品等。

4. 投保险种的选择

汽车保险具体可分商业险和交强险(表 5-1-2)。交强险是强制购买的,商业险是自愿购买的。商业险又包括车辆主险和附加险两个部分。

表 5-1-2 交强险与商业险对比

强制汽车保险	非强制商业汽车保险		
机动车交通事故责任强制保险	主险	机动车损失险 全车盗抢险	商业三者险 车上人员责任险
	附加险	玻璃单独破碎险 自燃损失险 新增加设备损失险 车辆停驶损失险 车身划痕损失险 可选免赔特约条款 涉水行驶险	车上货物责任险 车载货物掉落责任险 附加精神损害赔偿金责任险
		不计免赔率特约险	

商业险主险包括车辆损失险、第三者责任险、车上人员责任险、全车盗抢险。机动车辆损失险承保被保险车辆遭受保险范围内的自然灾害或意外事故,造成保险车辆本身损失,保险人依照保险合同的规定给予赔偿的一种保险。机动车辆第三者责任险,对被保险人或其允许的合格驾驶人员在使用保险车辆过程中发生意外事故,致使第三者遭受人身伤亡或财产损坏,依法应由被保险人支付的金额,也由保险公司负责赔偿。

交强险是"机动车交通事故责任强制保险"的简称,是由保险公司对被保险机动车发生道路交通事故造成受害人(不包括本车人员和被保险人)的人身伤亡、财产损失,在责任限额内予以赔偿的强制性责任保险,属于责任保险的一种。

交强险责任限额,是指被保险机动车在保险期间内发生交通事故,保险公司对每次保险事故所有受害人的人身伤亡和财产损失所承担的最高赔偿金额。

被保险机动车发生道路交通事故造成本车人员、被保险人以外的受害人人身伤亡、财产损失的,由保险公司依法在机动车交通事故责任强制保险责任限额范围内予以赔偿。

以下介绍五种汽车保险的投保方案。

(1) 最低保障方案

险种组合:交强险+第三者责任险。

保险保障范围:只对第三者的损失负赔偿责任。

适用对象:急于上牌照或通过年检的个人;5%车主选择。

特点:只有最低保障,费用低。

优点:可以用来应付上牌照或验车。

缺点:一旦撞车或撞人,对方的损失能得到保险公司的一些赔偿,但是自己车的损失只有自己负担。

(2) 基本保障方案

险种组合:交强险+车辆损失险+第三者责任险。

保障范围:只投保基本险,不含任何附加险。

适用对象：经验丰富的老司机，车辆已经使用很长时间，愿意承担大部分风险；15%车主选择。

特点：费用适度，能够提供基本保障。

优点：必要性最高。

缺点：不是最佳组合，最好加入不计免赔特约险。

（3）经济保障方案

险种组合：交强险+车辆损失险+第三者责任险+不计免赔特约险+全车盗抢险。

保障范围：除了投保基本险，增加风险较大的附加险。

适用对象：经济状况一般的车主选择。

特点：投保最必要、最有价值的险种。

优点：投保最有价值的险种，保险性价比最高；人们最关心的丢失和100%赔付等大风险都有保障，保费不高但包含了比较实用的不计免赔特约险。

缺点：不是最佳组合。

（4）最佳保障方案

险种组合：交强险+车辆损失险+第三者责任险+车上人员责任险+挡风玻璃险+不计免赔特约险+全车盗抢险。

适用对象：不愿承担大部分风险的企业或个人。

特点：在经济投保方案的基础上，加入了车上人员责任险+挡风玻璃险，使乘客及车辆易损部分得到安全保障。

优点：投保价值大的险种，不花冤枉钱，物有所值。

缺点：不是完全保障。

（5）完全保障方案

险种组合：交强险+车辆损失险+第三者责任险+车上责任险+挡风玻璃险+不免赔特约险+新增加设备损失险+自燃损失险+全车盗抢险。

适用对象：机关、事业单位、大企业。

特点：能保的险种全部投保，从容上路，不必担心交通所带来的种种风险。

优点：几乎与汽车有关的全部事故损失都能得到赔偿，不必为缺少某一个险种而得不到赔偿，承担投保决策失误的损失。

缺点：保全险保费较高，某些险种出险的概率非常小。

三、客户管理思考、讨论及模拟演练

根据以下情境，结合场地、人员及其他条件，进行思考、讨论及模拟演练。

情境一：汽车保险公司的选择。

客户李小姐是个体工商户，年收入30万元左右。驾驶车型为2018年款奥迪A4L，新车价格30万元左右，已经使用了2年，原来的保险公司（以平安车险为例）和您的门店没有很好的合作关系。

请您根据您门店合作的保险公司,为李小姐选择一家新的保险公司。

情境二: 汽车保险投保方案选择。

请您为李小姐选择合适的投保方案。

单元二　汽车保险事故查勘、定损与理赔流程

一、汽车保险事故查勘定损理赔流程

随着经济的发展，拥有汽车的人越来越多，与汽车相关的事故也层出不穷，那么遇到保险事故，应该如何进行保险理赔呢？

图 5-2-1 是常见的保险公司汽车保险事故理赔的流程。图 5-2-2 是某汽车连锁服务企业汽车保险事故理赔的服务流程。

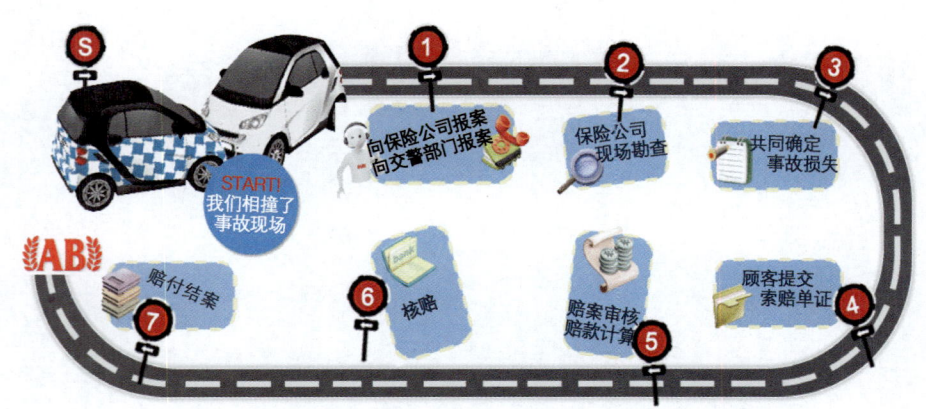

图 5-2-1　保险公司汽车保险事故理赔的流程

二、汽车保险事故查勘定损理赔流程各环节要点

1. 受理案件

当车辆发生交通事故后，驾驶人/车主应立即向保险公司报案，必要时（双方事故认定、涉及人伤等）应同时向交警部门报案。保险报案是指被保险人在发生了保险事故之后通知保险人，要求保险人进行事故处理的过程。保险公司受理报案的方式有很多，如电话报案、网络报案等。保险公司在受理报案的过程中应注意的关键点如图 5-2-3 所示。

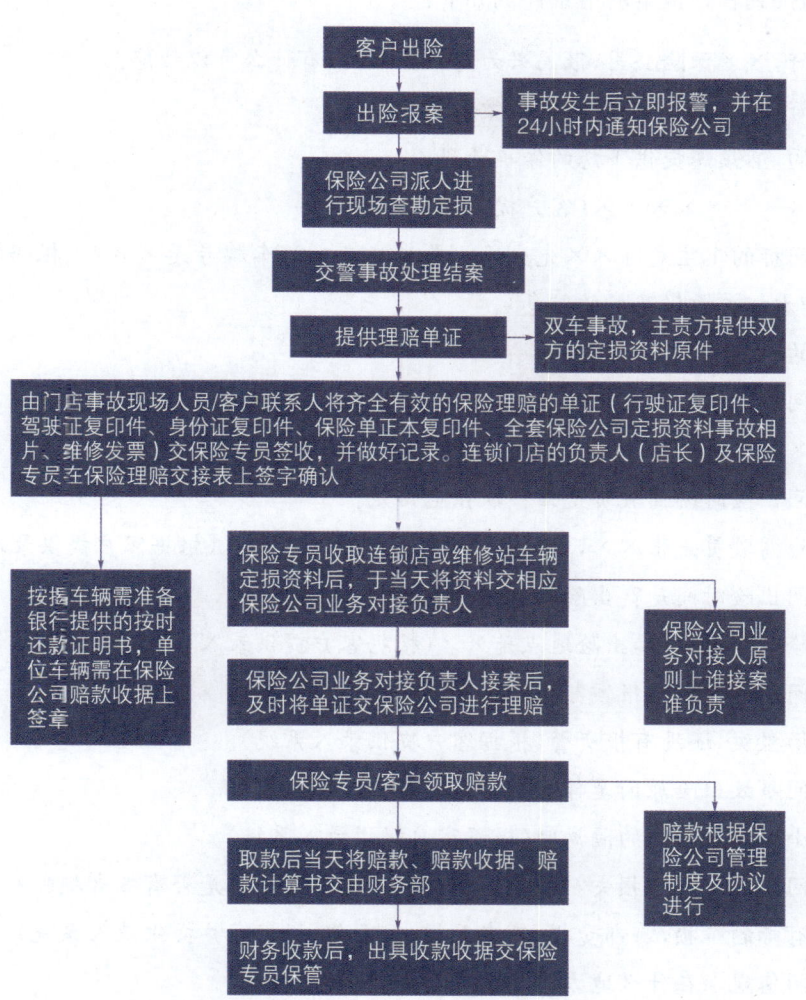

图 5-2-2　某汽车连锁服务企业汽车保险事故理赔的服务流程

图 5-2-3　保险公司受理报案的关键点

保险公司接到客户报案的情景样例如下：

客服：您好，××保险公司，很高兴为您服务，请问有什么可以帮您？

客户：你好，车子出了点事故，需报案。

客服：好的，麻烦您提供下您的保单号码。

客户：××××××××××（客户提供保单号码）。

客服：请问标的车主是陈××先生吗？是××车吗？车牌号是××？（根据提供的保单号系统内可以查看相关承保及标的信息）。

客户：对的。

客服：请问您怎么称呼？您的联系电话是多少？

客户：陈××，137××××××××（根据客户提供录入系统）。

客服：请问出险时的驾驶员是谁？联系电话是？

客户：出险驾驶员是张××，电话是137××××××××（根据客户提供录入系统）。

客服：请问出险时间是？出险的具体地点是哪里？

客户：出险时间是××，出险地点是××（根据客户提供录入系统）。

客服：请问您是否现场报案？是否报交警处理？

客户：现场报案，还没有报交警（根据客户提供录入系统）。

客服：请问事故出险原因是什么？

客户：不小心撞了路边的隔离墩（根据客户提供录入系统）。

客服：请问事故有哪些损失？标的车损部位是什么地方？是否有三者损失？是否有人伤？

客户：只有标的车损，前部受损，三者无损，无人伤（根据客户提供录入系统）。

客服：请问您现在在什么地方？怎么联系您查勘？

客户：我现在还在现场，可以直接打我电话。

客服：好的。陈先生，我再和您核对下案件信息：您的联系电话是137××××××××。您的报案我们已经受理，报案号后四位是××××，请您记录，公司查勘人员将在5分钟内与您取得联系，您先不要移动车辆，等待查勘，如公司查勘人员需要您报交警处理希望您能配合。请问您是否还要其他帮助？

客户：好的，没有。

客服：好，谢谢！感谢您的来电，再见！

2. 现场查勘

现场查勘，也称勘查，是运用科学的方法和现代技术手段，对保险事故现场进行实地勘察和查询，将事故现场、事故原因等内容完整而准确地记录下来的工作过程。

（1）事故现场查勘目的

现场查勘是汽车保险理赔工作中非常重要内容，现场查勘有以下目的：

定性——确定事故的真实性，查明是否是伪造现场；

定责——确定被保险车辆的事故责任和保险责任范围；

定损——确定事故的损失项目并预估损失金额。

(2) 事故现场分类

① 原始现场，是指事故现场的车辆、物体以及痕迹等，仍保持事故发生后的原始状态，没有任何改变和破坏。

② 变动现场，是指由于自然因素或人为原因，致使出险现场的原始状态发生改变的事故现场。

③ 伪造现场，是指当事人为逃避责任、毁灭证据或嫁祸于人，有意或唆使他人改变现场遗留物原始状态，或故意布置现场。

④ 逃逸现场，是指当事人为逃避责任而驾车逃逸，导致事故现场变动。

⑤ 恢复现场，是指事故现场撤离后，为分析事故或复查案件，需根据现场调查记录资料重新布置恢复的现场。

(3) 事故类型分类

事故类型一般分为单方事故、双方事故或多方事故，以及无法找到第三方的事故。

① 单方事故

单方事故（图5-2-4）在交通事故中最为常见，是指不涉及第三方人员伤(亡)或财物损失的单方交通事故，即碰撞外界物体，自身车辆损坏，但外界物体无损坏或者无须赔偿。由于单方事故仅仅造成被保险车辆损坏，事故责任为被保险车辆负全部责任，所以事故处理非常简单。

图5-2-4　单方事故

② 双方事故或多方事故

双方事故（图5-2-5）是指在事故中存在着双方当事人，是由双方当事人引起的事故。例如，两辆车相撞、一辆车撞了一个行人等，都属于双方事故。三辆或三辆以上的车辆发生连环撞击交通事故的，属于多方事故（图5-2-6）。

③ 无法找到第三方的事故

无法找到第三方的事故（图5-2-7），通常发生以下情形：

情形一：车辆远离视线之外，等下次开车时才发现车辆被损坏，又不知道肇事者是谁。

情形二：车辆在驾驶途中，被别的车辆刮蹭，而对方直接肇事逃逸了，又无法找到。

图 5-2-5　双方事故

图 5-2-6　多方事故　　　　　　　图 5-2-7　无法找到第三方的事故

根据车险相关的法规:"被保险机动车的损失应当由第三方负责赔偿,无法找到第三方的,实行 30% 的绝对免赔率"。如果发生上述情形,保险公司将从赔付金额中扣除 30%。但如果车主在投保车损险的同时,投保了"机动车损失保险无法找到第三方特约险",就可以在此附加险项下得到本应由自身承担的 30% 的赔付。通俗来说,就是找得到第三方肇事者,就由肇事者赔;找不到肇事者,车主没有购买"无法找到第三方特约险",就要自己承担 30% 的费用,保险公司只赔 70%。

(4) 事故现场查勘流程

保险公司的查勘人员接到车辆事故查勘通知后,应根据查勘流程执行。

事故现场查勘的工作流程如图 5-2-8 所示。

(5) 事故现场查勘前的准备

在现场查勘前,查勘人员必须做好相关的准备工作,包括两个部分:资料(查勘单证)和服务工具,如图 5-2-9 所示。

(6) 到达事故现场查明案情

① 现场施救处理

现场查勘人员达到事故现场后,如果险情尚未控制,应立即会同被保险人及其有关部门共

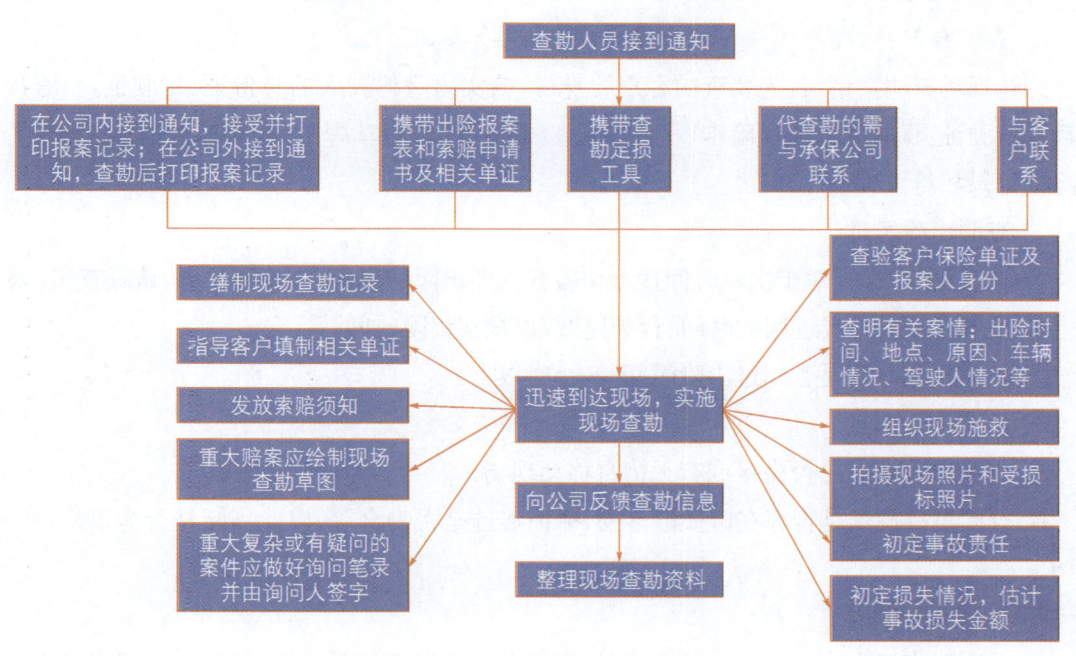

图 5-2-8　事故现场查勘的工作流程

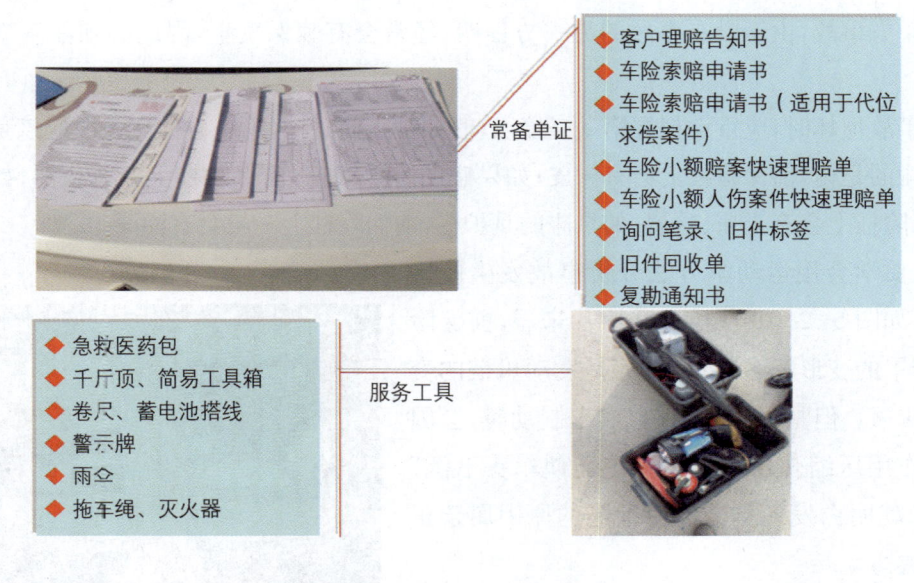

图 5-2-9　查勘单证和服务工具

同研究,确定施救方案,采取合理的措施实施施救,以防损失进一步扩大。

施救应严格遵守必要和合理的原则。现场查勘人员应该了解施救的工具是否恰当,施救是否恰当,施救有没有导致损失扩大等。保险车辆受损后,如果当地的维修价格合理,应安排就地修理,不得带故障行驶。如果当地修理费用过高需要拖回本地修理的,应采取防护措施,拖拽牢固,以防再次发生事故。如果无法维修的,应妥善处理汽车的残值部分。

② 查验客户身份

到达现场查明案情,首先要查验客户的身份,核实出险驾驶人的身份证、驾驶证,核查出险车辆的行驶证、保险凭证或保险卡、机动车检验合格证,核对车牌号码、VIN 码、车型等是否与保险单记录相符。

③ 查明出险经过

A. 核实出险时间,对于出险时间接近保险起讫期出险的案件,应特别注意,认真查实。

B. 了解车辆启程或返回的时间、行驶路线,以核实出险时间。

C. 核对报案时间是否超过出险时间 48 小时以上。

④ 核实出险地点

A. 查验出险地点是否谎报或有无擅自移动现场。

B. 查验事故现场是否存在碰撞散落物、碰撞痕迹是否吻合等,以此判断是否为事故第一次现场。

⑤ 查明出险原因

A. 查明财产损失、人员伤亡、施救情况,根据车辆的损失状况与现场情况,对照报案人所陈述的出险经过,进行科学的分析和判断,确认事故原因和损失结果中是否存在合理的逻辑关系。

B. 注意查证事故中是否存在故意行为,并判断驾驶人是否饮酒,驾驶人掉包等行为,以确定是否拒赔。

对于单方事故,由于没有事故的另一方证明,经常会有骗保发生,因此必须注重事故原因分析。

分析事故损坏时,应重点把握第一碰撞点,假如是正面碰撞,第一碰撞点一般应该是前保险杠。如果碰的是树,前保险杠上会有树皮;如果碰的是电线杆,前保险杠上会有灰屑;如果碰的是墙,前保险杠上会有土屑、砖屑;如果碰的是护栏,前保险杠上一般会有油漆。

另外,要学会用运动学方法分析事故发生所造成的痕迹,如图 5-2-10 所示。从照片来看,前保险杠、散热器罩的变形都容易理解,但是发动机盖的变形似乎不应该。但是当我们明白"汽车制动时,会因为惯性力作用压缩弹性的悬架系统而使车头下沉"的道理后,就明白发动机盖产生褶皱的原因属于正常碰撞所致。

⑥ 现场拍照

事故现场拍照是非常重要的。拍照之前要设置拍照时间,根据情况,拍摄不同的照片。

图 5-2-10 车辆事故情形

一组事故照片应包括:

A. 现场方位、现场概貌、整车照片、接触点照相、细目照相;

B. 现场环境、痕迹勘验、人体(伤痕)照相;

C. 道路及交通设施、地形、地物照相；

D. 分离痕迹、表面痕迹、路面痕迹、衣着痕迹、遗留物、受损物规格（编码）照相；

E. 车辆检验（车架号、发动机号）、两证（行驶证、驾驶证）、一单（保险单）检验照相。

图5-2-11是一个双方事故现场拍照的案例。

A. 先拍摄下整体场景；

B. 记录双方车辆的行驶路线；

C. 再拍摄交通标志、路面标线；

D. 拍摄两车碰撞痕迹；

E. 再记录两车基本损失外貌以及部分损失细节；

F. 拍摄车架号码及两证等。

图5-2-11 双方事故现场拍照案例

图5-2-12是一个单方事故现场拍照的案例。

A. 先拍摄下整体场景；

B. 再拍摄事故车车损情况；

C. 记录车辆的行驶路线；

D. 记录地面痕迹和零部件散落情况；

E. 再记录车辆基本损失外貌、车内物品（车上货物）位移情况；

F. 拍摄车架号码及两证等。

图 5-2-12　单方事故现场拍照案例

⑦ 现场绘图

现场绘制事故草图（图 5-2-13 和图 5-2-14）。要求：内容完整，尺寸数字准确、物体位置、形状、尺寸、距离的大小基本成比例即可。现场绘图的要点一定要掌握，其中方位、路况、车辆及行驶信息这些比较重要的信息一定要有。

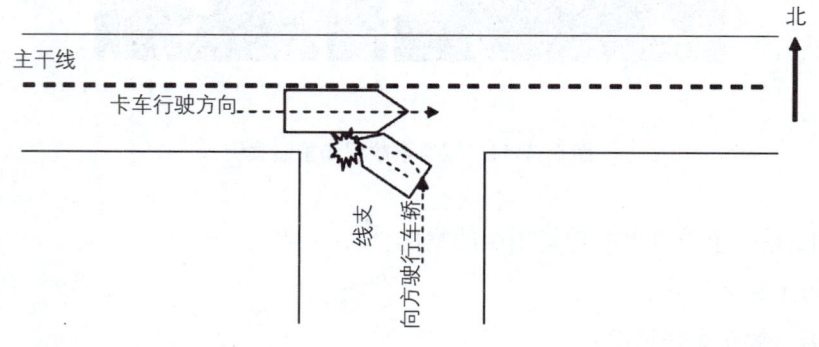

图 5-2-13　双方事故形式草图

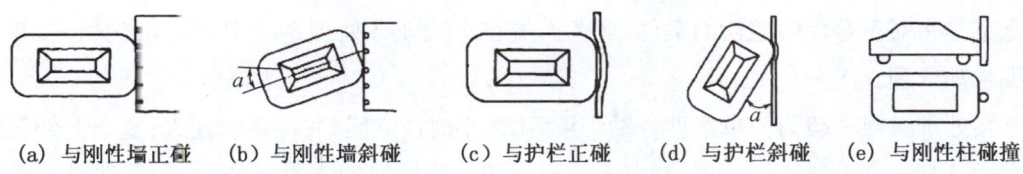

(a) 与刚性墙正碰　(b) 与刚性墙斜碰　(c) 与护栏正碰　(d) 与护栏斜碰　(e) 与刚性柱碰撞

图 5-2-14　单方事故形式草图

⑧ 现场搜集

在现场查勘的过程中,应该注重现场散落物和附着物的搜集,这些对确定事故的真实情况非常重要。图 5-2-15 是现场收集事故相关物品的情形。

图 5-2-15　现场收集事故相关物品的情形

⑨ 填写表单

查勘员在进行现场查勘的过程中,是要求和客户一起填写相关的信息和表格的,包括出险报案表、出险通知、索赔申请(索赔须知)、查勘记录(报告)等。格式和要求根据保险公司确定。

3. 审定保险责任

全面分析事故的主客观原因并注意以下事项:

(1) 保险业务部门对于现场查勘及其相关材料进行初审,按照规定的核赔权限,召集相关人员参加会议,听取查勘人员详细汇报及其分析意见,研究审定保险责任。

(2) 审定保险责任一定要以机动车辆保险条款及其解释为依据,领会条款精神,尊重客观事实,掌握案情的关键。

(3) 当赔偿责任确定后,对被保险人所提交的损失清单及其费用单证,应根据现场查勘的实际损失记录,逐项进行审核,确定赔偿项目和赔付范围。

(4) 应妥善处理疑难案件。对于责任界限不明,难以掌握的疑难案件和拒赔后可能引起诉讼的,或经反复研究仍无法定论的理赔案件,应将"拒赔案件报告书"连同有关材料报上级公司审定。

4. 立案

立案是指对符合保险赔偿的案件，业务人员在车险业务处理系统中进行正式确立，并对其统一编号和管理。

立案处理时限一般为简单案件查勘结束后 24 小时内立案，并注明责任人；复杂案件最晚于接报案后 7 日内立案或注销处理；对报案登记后超过规定时间未立案的案件，管理部门必须给予处理；查勘所涉及的单证可在立案同时或之后收集。

对不在保险有效期或明显不属于保险责任的报案，应在"机动车辆保险出险报案表""机动车辆保险报案""立案登记簿"上签注拒赔原因，并向报案人或被保险人做出解释，同时向被保险人送达"机动车辆保险拒赔通知书"。

承保车辆在外地出险，接到出险地公司通知后，应将代查勘、待定损的公司名称在"机动车辆保险报案、立案登记簿"登记，并注意跟踪理赔案件的处理结果。

5. 定损核损

（1）定损流程

保险车辆出险后的定损与核损的内容有车辆定损、人员伤亡费用的确定、施救费用的确定、其他财产损失的确定和残值处理等。事故车定损流程如图 5-2-16 所示。

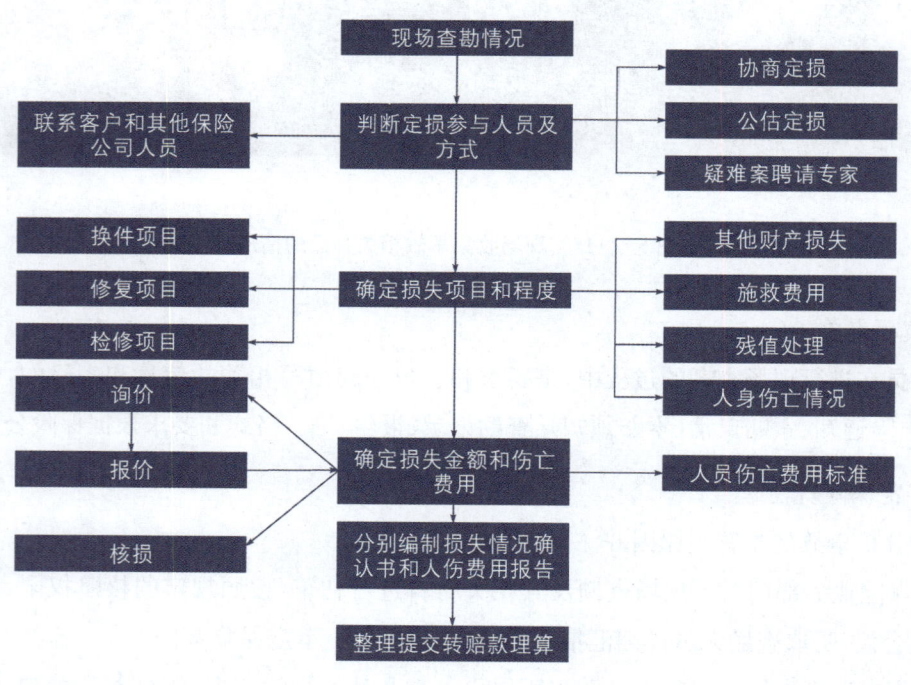

图 5-2-16　事故车定损流程

（2）定损步骤

事故车定损步骤：

① 结合出险现场查勘记录，详细核定事故造成的车辆损失部位、损失项目和损失程度。

② 本着实事求是、合情合理的原则与被保险人、可能涉及的第三方和维修人员协商确定维修方案。

③ 对于必须更换的零部件进行询价、报价。

④ 对各维修项目的修复费用进行累加即为车辆损失，协商一致后与各方签订"机动车辆保险车辆损失情况确认书"。

(3) 车辆损失确定

车辆损失由各维修项目所必须更换的零配件价格、修理材料费和维修工时费用累加而成，零配件价格的高低和维修工时费用的合理与否是确定车辆损失的关键。

注意事项：

① 注意区分本次事故和非本次事故造成的损失，以及事故损失和正常维修保养的界限。

② 经保险公司书面同意，对保险事故车辆损失原因进行鉴定的费用，保险公司负责赔偿。

③ 遵循定损原则：能修不换；能局部修，不整体修；能换零件，不换总成。

(4) 人员伤亡费用确定

人员伤亡费用是指由于保险事故致使自然人的生命、健康、身体遭受侵害，造成致伤、致残、致死的后果以及其他损害，从而引发的各种费用支出。保险事故常会造成人员伤亡，可能导致第三者责任险及其相关附加险的赔偿。

保险公司以《最高人民法院关于审理人身损害赔偿案件若干问题的解释》中规定的赔偿范围、项目和标准以及保险合同中的约定作为核定赔偿的依据。

① 人员伤亡费用的赔偿范围。

② 人员伤亡费用的赔偿标准。

③ 确定人员伤亡费用时应注意以下事项：

A. 全程介入伤者的治疗过程，全面了解伤者受伤和治疗的情况、各类检查和用药情况。

B. 伤者需要转医赴外地治疗时，须由所在医院出具证明并经事故处理部门同意。伤残鉴定费需经过保险人同意，方可赔偿。

C. 事故结案前，所有费用均由被保险人先行支付。待结案后，被保险人提供有关单、证，由保险人进行核损理算。

D. 定损核损人员应及时审核被保险人提供的有关单、证，对其中不属于赔偿范围的项目应予以剔除。

(5) 其他财产损失确定

其他财产损失的确定，应会同被保险人和有关人员逐项清理，确定损失数量、损失程度和损失金额。同时，要求被保险人提供损失财产、货物的原始发票，货物运单，起运地货物价格证明等能够证明损失财产或货物实际价值的证据。

(6) 施救费用确定

施救费用是指当保险标的遭遇保险责任范围内的灾害事故时，被保险人或其代理人、雇佣人员等采取措施抢救保险标的，防止损失扩大而支出的必要的、合理的费用。

在机动车辆保险中施救费用主要是指对于倾覆车辆的起吊费用、抢救车上货物的费用、事故现场的看守费用、临时整理和清理费用以及必要的转运费用。

施救费用的确定必须坚持合理、有效的原则,严格按照条款规定的事项进行确定。

(7) 残值处理

残值处理是指保险公司根据保险合同履行了赔偿责任并取得对于受损物资的所有权后,对于这些损余物资的处理。

在通常情况下,对于残值的处理均采用协商作价折归被保险人并在保险赔款中扣减的做法。如果协商不成,也可以将已经履行赔偿责任并取得所有权的损余物资收回。这些收回的物资可以委托有关部门进行拍卖处理,处理所得款项冲减赔款。

6. 赔款理算

(1) 交强险赔款理算

基本计算公式:

总赔款 = 各分项损失赔款之和 = 死亡伤残费用赔款 + 医疗费用赔款 + 财产损失赔款

各分项损失赔款 = 各分项核定损失承担金额

即

死亡伤残费用赔款 = 死亡伤残费用核定承担金额

医疗费用赔款 = 医疗费用核定承担金额

财产损失赔款 = 财产损失核定承担金额

各分项核定损失承担金额超过交强险各分项赔偿限额,则各分项损失赔款等于交强险各分项赔偿限额。

(2) 商业车险赔款理算

基本计算公式:

商业第三者责任险中被保险人按事故责任比例应承担的赔偿金额
= (第三者人伤总损失 + 第三者财产总损失 + 第三者车总损失 − 本车交强险赔偿金额
 − 其他交强险赔偿金额 − 残值) × 事故责任比例

当应承担的赔偿金额高于责任限额时,计算公式:

赔款 = 责任限额 × (1 − 免赔率之和)

当应承担的赔偿金额低于或等于责任限额时,计算公式:

赔款 = 应承担的赔偿金额 × (1 − 免赔率之和)

7. 编制赔款计算书

业务人员对相关单证进行清理,并列出清单,录入计算机自动生成赔款计算书。赔款计算书各项目要齐全,数字正确,损失计算要分险种、分项目计算并列明计算公式,应注意免赔率的正确使用。

业务负责人审核无误后,在赔款计算书上签注意见和日期,送核赔人审核。

8. 核赔

（1）核赔操作流程

核赔操作流程如图 5-2-17 所示。

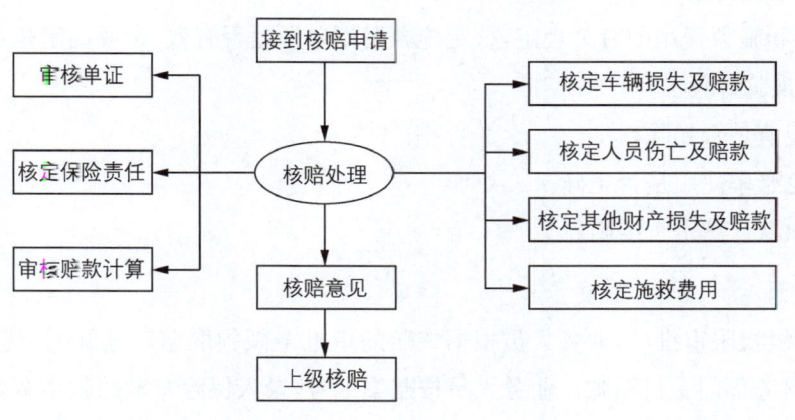

图 5-2-17 核赔操作流程

（2）审核单证

① 审核确认被保险人按规定提供的单证、证明及材料是否齐全有效，有无涂改、伪造，是否严格按照单证填写规范认真、准确、全面地填写。

② 审核经办人员是否规范填写与赔案有关的单证。

③ 审核签章是否齐全。

（3）核定保险责任

① 核定被保险人与索赔人是否相符，驾驶人是否为保险合同约定的驾驶人。

② 核定出险车辆的厂牌型号、牌照号码、发动机号、车架号与保险单证是否相符。

③ 核定出险原因是否属于保险责任范围。

④ 核定出险时间是否在保险期限内。

⑤ 核定事故责任划分是否准确合理。

⑥ 核定赔偿责任是否与承保险别相符。

（4）核定车辆损失及赔款

① 核定车辆定损项目、损失程度是否准确、合理。

② 核定更换零部件是否按规定进行了询报价，定损项目与报价项目是否一致。

③ 核定换件部分拟赔款金额是否与报价金额相符。

④ 核定残值确定是否合理。

（5）核定人员伤亡费用及赔款

① 核定伤亡人员数、伤残程度是否与调查情况和证明相符。

② 核定人员伤亡费用是否合理。

③ 核定被抚养人口、年龄是否真实，生活费计算是否合理、准确。

（6）核定其他财产损失及赔款

根据照片和被保险人提供的有关货物、财产的原始发票等有关单证，核定其他财产损失金额和赔款计算是否合理、准确。

（7）核定施救费用

根据案情和施救费用的有关规定，核定施救费用单证是否有效，金额确定是否合理。

（8）审核损款计算

① 审核残值是否扣除。

② 审核免赔率使用是否正确。

③ 审核损款计算是否准确。

9. 结案处理

赔案按分级权限审批后，业务人员根据核赔的审批金额领取赔款通知书，然后通知被保险人领取赔款，财务部门支付赔款。业务人员按赔案编号，录入保险车辆赔款结案登记簿，同时在机动车辆保险报案、立案登记簿的备注栏中注明赔案编号、日期，作为续保时是否给付无赔款优待的依据。

未决赔案，是指截至规定的统计时间已经完成估损、立案、尚未结案的赔款案件，或被保险人尚未领取赔款的案件。未决赔案的处理原则：定期进行案跟踪，对可以结案的案件，需敦促被保险人尽快交齐索赔材料，赔偿结案；对尚不能结案的案件，应认真核对、调整估损金额，对超过时限，被保险人不提供手续或找不到被保险人的未决赔案，按照"注销案件"处理。

三、思考、讨论及模拟演练

根据以下情境，结合场地、人员及其他条件，进行思考、讨论及模拟演练。

情境一：分角色模拟演练，完成保险理赔过程。

张先生在高速公路上行驶，由于接打电话导致车辆行驶方向改变，为了躲避其他车辆，张先生的车撞到了护栏上。

讨论：张先生着急去外地办事，想快速解决本起事故，单方事故应该怎么处理？

情境二：分角色模拟演练，完成保险理赔过程。

张先生在自己小区的停车场内，驾驶奥迪车从停车位驶出时与隔壁车位一辆越野车碰撞，致使两车前部均有损伤。

讨论：张先生面对自己受损的车，应该如何争取自己的权益？保险公司应该如何进行现场查勘，处理本起事故？

情境三：分角色模拟演练，完成保险理赔过程。

××年×月×日×时×分,保险公司客服人员接到客户王某报案,报案人王某称驾驶别克SGM7161LX轿车倒车时不慎撞上大门,标的车前杠、左前翼子板、左前大灯有损,接报案后,客服将该案件通过调度安排查勘人员小李去现场查勘。经过查勘发现,该事故事实清楚,属于保险事故责任。鉴于事故损伤情况较轻,小李现场即给事故车辆进行定损。

讨论:小李应如何开展定损工作?确定事故损失的费用组成有哪些?

附录

附录 A　维修服务业务主流程

附录 B　管理业务流程

附录 C　其他流程

附录 D　预约准备流程表单

附录 E　接待问诊流程表单

附录 F　制单报价流程表单

附录 G　派工维修流程表单

附录 H　质量检验流程表单

附录 I　跟踪回访流程表单

附录 J　配件管理表单

附录 K　服务流程考核表单